Martin Legant

Energie im Spannungsfeld europäischer Politik

Vom Binnenmarkt zu einer Außenpolitik für eine sichere Erdgasversorgung?

Bachelor + Master
Publishing

Legant, Martin: Energie im Spannungsfeld europäischer Politik: Vom Binnenmarkt zu einer Außenpolitik für eine sichere Erdgasversorgung?, Hamburg, Bachelor + Master Publishing 2013

Originaltitel der Abschlussarbeit: Energie im Spannungsfeld der Politik: Vom Binnenmarkt zu einer Außenpolitik für eine sichere Energieversorgung?

Buch-ISBN: 978-3-95549-126-0
PDF-eBook-ISBN: 978-3-95549-626-5
Druck/Herstellung: Bachelor + Master Publishing, Hamburg, 2013
Zugl. Universität Osnabrück, Osnabrück, Deutschland, Bachelorarbeit, Oktober 2012

Bibliografische Information der Deutschen Nationalbibliothek:
Die Deutsche Nationalbibliothek verzeichnet diese Publikation in der Deutschen Nationalbibliografie; detaillierte bibliografische Daten sind im Internet über http://dnb.d-nb.de abrufbar.

Das Werk einschließlich aller seiner Teile ist urheberrechtlich geschützt. Jede Verwertung außerhalb der Grenzen des Urheberrechtsgesetzes ist ohne Zustimmung des Verlages unzulässig und strafbar. Dies gilt insbesondere für Vervielfältigungen, Übersetzungen, Mikroverfilmungen und die Einspeicherung und Bearbeitung in elektronischen Systemen.

Die Wiedergabe von Gebrauchsnamen, Handelsnamen, Warenbezeichnungen usw. in diesem Werk berechtigt auch ohne besondere Kennzeichnung nicht zu der Annahme, dass solche Namen im Sinne der Warenzeichen- und Markenschutz-Gesetzgebung als frei zu betrachten wären und daher von jedermann benutzt werden dürften.

Die Informationen in diesem Werk wurden mit Sorgfalt erarbeitet. Dennoch können Fehler nicht vollständig ausgeschlossen werden und die Diplomica Verlag GmbH, die Autoren oder Übersetzer übernehmen keine juristische Verantwortung oder irgendeine Haftung für evtl. verbliebene fehlerhafte Angaben und deren Folgen.

Alle Rechte vorbehalten

© Bachelor + Master Publishing, Imprint der Diplomica Verlag GmbH
Hermannstal 119k, 22119 Hamburg
http://www.diplomica-verlag.de, Hamburg 2013
Printed in Germany

Inhaltsverzeichnis

1 Einleitung 3

2 Konzeptualisierung der Versorgungssicherheit 5

3 Europäische Energiepolitik 12

    3.1 Energiepolitik im Vertrag von Lissabon 14
    3.2 Energieabhängigkeit der Europäischen Union 16

4 Europäische Energieaußenpolitik 19

    4.1 Geographie der Energieaußenpolitik 21
    4.2 Instrumente der Energieaußenpolitik 23

        4.2.1 Diversifizierung der Bezugsquellen 23
        4.2.2 Energiecharta 25
        4.2.3 Weitere Energiepartnerschaften 26
        4.2.4 Koordinierung der mitgliedsstaatlichen Energieaußenpolitiken 31

    4.3 Fallbeispiel: Nabucco Pipeline 33

        4.3.1 Die Rolle der Europäischen Union 35
        4.3.2 Chancen einer Umsetzung 36
        4.3.3 Bedeutung für die Energieaußenpolitik 38

    4.4 Bewertung der getroffenen Maßnahmen 41

5 EU-Energiebinnenmarkt 44

    5.1 Instrumente des Energiebinnenmarkts 45

        5.1.1 Regulierung auf europäischer Ebene 46
        5.1.2 Krisenreaktionsmechanismen 49
        5.1.3 Entflechtung der Erdgasunternehmen 50
        5.1.4 Transeuropäische Energienetze 52
        5.1.5 Entry-Exit-System 54

    5.2 Bewertung der getroffenen Maßnahmen 55

6 Innen oder Außen – Welche Politikausrichtung erhöht die Versorgungssicherheit? 57

7 Literaturverzeichnis 60

1 Einleitung

Die Versorgungssicherheit eines Staates oder einer gesamten Region wie der Europäischen Union (EU) mit Erdgas ist in den letzten zehn Jahren wieder vermehrt in den Fokus der öffentlichen Wahrnehmung gerückt. Ausgelöst durch Streitigkeiten zwischen Liefer- und Transitstaaten ist in den Medien eine mit viel Symbolik aufgeladene Diskussion entstanden. Dadurch werden die Verbraucher verwirrt und zuweilen auch eingeschüchtert. Aus diesem Grund ist es interessant herauszustellen, welche Faktoren die Energieversorgung eines so großen Abnehmers wie der EU beeinflussen können und welche Möglichkeiten die Union besitzt, selbst darauf Einfluss zu nehmen. Mit dem Beispiel der Nabucco Erdgaspipeline, die den europäischen Markt mit der kaspischen Region verbinden soll, wird ein Projekt gewählt, dass immer wieder in den Medien Erwähnung findet und damit die Aktualität dieser Debatte veranschaulicht.

Es ist nun, in Anbetracht weltweit schwindender Energieressourcen, in den letzten Jahren ein Wandel in der Energiepolitik der Europäischen Union zu beobachten. Im Vergleich zu früheren Jahren, in denen Rohstoffe noch reichlich und günstig vorhanden waren, muss sich die EU mittlerweile Gedanken über eine sichere Energieversorgung machen. Eine der größten Sorgen besteht dabei im Bereich der Erdgasimporte, da diese bereits zu zwei Dritteln aus Drittstaaten bezogen werden müssen.
Um dieser Entwicklung entgegenzuwirken, hat die Union die Möglichkeit, verschiedenste Instrumente einzusetzen, die sich in interne und externe Maßnahmen unterteilen lassen. Die internen Maßnahmen beziehen sich allesamt auf die Vollendung des Energiebinnenmarkts und haben ihre Anfänge Ende der 1980er Jahre. Seit der Jahrtausendwende wurde zudem vermehrt auf eine Energieaußenpolitik der EU gesetzt und damit Maßnahmen für die externe Ebene geschaffen. Man hat auf Unionsebene erkannt, dass die Versorgungssicherheit, die zum Teil durch einen funktionierenden Energiebinnenmarkt gewährleistet werden kann, immer auch mit einer Energieaußenpolitik in Verbindung steht. Als ein Beispiel für diese Außenpolitik wird die Nabucco Erdgaspipeline gewählt. Daran wird deutlich, welche Möglichkeiten die EU in Bezug auf den Pipelinebau im Rahmen ihrer Energieaußenpolitik besitzt und mit welchen Problemen sie dabei konfrontiert wird. Aus diesem Problemaufriss ergibt sich dann folgende Fragestellung:

Sorgen die Maßnahmen des Energiebinnenmarkts für eine verbesserte Versorgungssicherheit der Europäischen Union oder sollte der Fokus stärker auf die EU-Energieaußenpolitik gesetzt werden?

Diese Frage beschäftigt sich demnach mit dem Wandel in der Politik der EU, mit der sie eine Energieversorgungsicherheit für die Mitgliedsstaaten erreichen möchte. Es sollen dabei die Instrumente und Maßnahmen der Union herausgearbeitet werden. Dabei liegt der Fokus auf der Frage, wie wirkungsvoll diese Handlungen sind und welche davon zu einer verbesserten und sicheren Energieversorgung beitragen können. Um den Umfang dieser Arbeit einzugrenzen, wird sich einzig auf die Erdgasversorgung der Europäischen Union bezogen und andere Energiequellen nicht behandelt.

Aufgrund der Fragestellung und ihrem Kontext erscheint es sinnvoll, die Bearbeitung in Form einer Policy Analyse durchzuführen. Dabei werden zunächst die Bedeutung der Versorgungssicherheit und die unterschiedlichen Perspektiven für eine Definition dargestellt. Anhand eines ausgewählten Beispiels werden Basiskriterien zur Bewertung der von der EU verwendeten Instrumente aufgestellt. Dabei werden auch die verschiedenen Risiken für die sichere Versorgung mit Erdgas angesprochen. Anschließend wird die Energiepolitik der Union erläutert und inwiefern sie im Vertrag von Lissabon verankert ist. Dabei werden auch die Probleme und Herausforderungen angesprochen, die sich aus der Importabhängigkeit der EU ergeben. Dadurch soll veranschaulicht werden, von wem die Union überhaupt ihr Erdgas bezieht und wie stark diese Abhängigkeit ist.
Im Anschluss daran wird zunächst auf die Energieaußenpolitik der EU eingegangen. Angefangen bei der geographischen Verteilung der Erdgasvorkommen zur besseren Darstellung der Maßnahmen, werden Schritt für Schritt die einzelnen Instrumente erläutert. Dieses Kapitel wird mit dem Fallbeispiel der Nabucco Pipeline und einer ersten Bewertung der getroffenen Maßnahmen abgeschlossen. Dabei wird bereits Bezug auf die Basiskriterien genommen, die in Kapitel 2 erarbeitet wurden.
Im zweiten großen Abschnitt dieser Ausarbeitung werden die Instrumente erläutert, die zu einem EU-Energiebinnenmarkt führen sollen. Diese werden abschließend wieder anhand der Kriterien bewertet. So ist es zum Schluss möglich, auf die eingangs gestellte Frage einzugehen und durch die bereits erarbeiteten Bewertungen eine Zusammenfassung und ein Ergebnis zu formulieren. Dabei soll ersichtlich werden, ob die Ausrich-

tung der Politik auf eine außenpolitische Ebene erfolgversprechend für die EU ist oder ob der EU-Energiebinnenmarkt besser für eine Versorgungssicherheit sorgen kann.

2 Konzeptualisierung der Versorgungssicherheit

„Das Thema Versorgungsicherheit spielt in der energie[…]politischen Diskussion der letzten Jahre eine immer bedeutendere Rolle, nachdem es von etwa 1985 bis Ende des vorigen Jahrhunderts fast von der Agenda verschwunden war. Die Gründe dafür liegen in Veränderungen von bisherigen Käufermärkten zu Verkäufermärkten für wichtige Energieträger, aber auch in neuen Rahmenbedingungen und regulatorischen Vorgaben durch die Neuordnung der leitungsgebundenen Energieversorgung" (Böske 2007: V).

Bis zum heutigen Tag ist keine allgemeingültige Definition für den Begriff Versorgungssicherheit in der Literatur zu finden. Vielmehr wird er immer auch synonym mit Begriffen wie Energiesicherheit, Sicherheit der Versorgung oder auch Energieversorgungssicherheit verwendet. Dabei kommt es jedes Mal auf die Blickrichtung an, aus der die Versorgungssicherheit betrachtet wird. Für einen Staat, der auf Importe angewiesen ist, bedeutet die Versorgungssicherheit etwas anderes als für einen Staat, der auf Exporte angewiesen ist. Mögliche Konzepte variieren je nachdem, ob es einen militärischen, politischen oder industriellen Rahmen gibt. Für den Konsumenten bedeutet die Versorgungssicherheit die günstige und durchgehende Versorgung mit Erdgas, für den Lieferanten hingegen liegt die Bedeutung in dem freien Marktzugang und der Möglichkeit, ständig liefern zu können. Für die Transitstaaten ist die Energiesicherheit eine stetige Einnahmequelle und für die Industrie der Importländer bedeutet dies letztendlich eine Investitionssicherheit und gute Wirtschaftsbedingungen (vgl. Krämer 2011: 26 f.).

Der Begriff der Versorgungssicherheit wurde bereits zwischen den Weltkriegen verwendet und hatte eine militärische Bedeutung. Zur Versorgung der Kriegsgeräte wurde von Kohle auf Öl umgerüstet, da dies entscheidende Vorteile für die Kriegsführung darstellte. Dies führte allerdings auch dazu, dass die ersten Energieressourcen im Ausland gesichert werden mussten. Die britische Regierung griff in dem Fall beispielsweise auf den Iran zurück (vgl. Böske 2007: 8). Heutzutage hat sich der Begriff der Energiesicherheit jedoch von der militärischen Komponente gelöst und wird von anderen, in dieser Ausarbeitung aufgeführten Faktoren, beeinflusst (vgl. Krämer 2011: 26).

Durch die Ölkrisen in den 1970er Jahren, ausgelöst durch die Staaten im Mittleren Osten, wurde erstmals die Abhängigkeit Europas von Energieressourcen und Importen ersichtlich. Man erkannte die Gefährdung der wirtschaftlichen Entwicklung, sowie der ökonomischen und politischen Handlungsfreiheiten. All dies hatte Auswirkungen auf die Sicherheit eines Staates (vgl. Böske 2007: 8 ff.). In den darauffolgenden Jahren, in denen Erdgas immer populärer wurde, entspannte sich die Situation für Europa aber zusehends, da neue Quellen erschlossen wurden und die Lieferländer zudem auch einen verlässlicheren Eindruck machten. Zu den neuen Bezugsquellen gehörten z.B. innereuropäische Quellen wie Norwegen und Großbritannien (vgl. Buchan 2010: 368). In den 1980er und 1990er Jahren stand dann vor allem die Wettbewerbsfähigkeit im Vordergrund der Energiepolitik. *„Die gestiegene Funktionsfähigkeit der Märkte und niedrige Energiepreise suggerierten ein Sicherheitsniveau, das – zumindest für die nächsten Jahre – über jeden Zweifel erhaben schien."* (Nötzold 2011: 215). Als Konsequenz eines daraus resultierenden Überangebotes und des niedrigen Preises in den 1980er Jahren, spielte das Thema der Versorgungssicherheit nur eine untergeordnete Rolle und wurde auf politischer Ebene bis in die 1990er Jahre vernachlässigt. Erst in den letzten Jahren bzw. dem letzten Jahrzehnt wurden wieder Zweifel an der sicheren Energieversorgung der EU geäußert. Dies hatte einerseits mit den langsam versiegenden eigenen Erdgasquellen auf dem Gebiet der Union zu tun, andererseits aber auch mit dem Vertrauensverlust in die russischen Lieferungen (vgl. Buchan 2010: 368).

Parallel zu diesen Entwicklungen bildete sich in Europa der Begriff der Daseinsvorsorge heraus. Auslöser dafür ist die Annahme, dass ein Individuum nicht mehr in der Lage ist, sich selbst ausreichend mit Energie zu versorgen. Deshalb müsste der Staat eintreten und diese Versorgung sicherstellen. Dem Staat wurde damit die Rolle des Rahmensetzers zugesprochen. Er erhielt die Verantwortung dafür, dass der Markt immer genug Ressourcen zur Verfügung stellt. Die Mitgliedsstaaten der EU sind der Meinung, dass dies der richtige Weg sei, um eine Versorgungssicherheit zu erreichen. So wurden unterschiedliche Begriffe wie Daseinsvorsorge, public service oder gemeinwohlorientierte Leistung geprägt, die im Kern jedoch alle das gleiche Ziel verfolgen (vgl. Böske 2007: 14 ff.).

Wie eingangs erwähnt, gibt es noch keine eindeutige Definition, die die Versorgungssicherheit umfassend darstellt. Zur Veranschaulichung dieser Diskussionsproblematik werden im Folgenden nun verschiedene, mal mehr und mal weniger ausführliche Begriffsbestimmungen vorgestellt, anhand derer die unterschiedlichen dargestellten Perspektiven zu erkennen sind.

"Die langfristige EU-Strategie für die Energieversorgungssicherheit muss im Hinblick auf das Wohl der Bürger und der Wirtschaft sicherstellen, dass Energieträger fortlaufend und zu für alle Verbraucher (Privathaushalte und Industrie) verkraftbaren Preisen auf dem Markt zur Verfügung stehen" (Grünbuch KOM(2000) 768: 2).

"Nach Auffassung der Kommission ist entscheidend, dass die Erdgasversorgung insbesondere für geschützte Verbraucher aufrechterhalten wird, wenn der Markt hierzu nicht mehr in der Lage ist. [...] „geschützte Verbraucher" [sind] alle Privatkunden, die bereits an ein Erdgasverteilernetz angeschlossen sind. Die Mitgliedstaaten können festlegen, dass hierzu auch kleine und mittlere Unternehmen, Schulen oder Krankenhäuser zählen. (Artikel 2 Abs. 1) [KOM(2009) 363]. Die Mitgliedstaaten müssen sicherstellen, dass die „geschützten Verbraucher" mindestens sechzig Tage lang (Artikel 7 Abs. 2) sowie in folgenden Fallkonstellationen mit Erdgas versorgt werden: (1) an sieben aufeinanderfolgenden Tagen herrschen „extrem kalte Temperaturen mit Spitzenlast", wie dies statistisch nur alle zwanzig Jahre vorkommt (Artikel 7 Abs. 1 lit. a) oder (2) über einen Zeitraum von sechzig Tagen besteht ein „außergewöhnlich hoher Gasverbrauch" bei einer „extremen Kaltwetterperiode", wie sie statistisch nur alle zwanzig Jahre vorkommt (Artikel 7 Abs. 1 lit. b)" (Reichert und Voßwinkel 2009: 6).

„physical availability of supplies to satisfy demand at a given price" (International Energy Agency 2001: 76, zitiert nach Böske 2006: 16).

„the adequacy of energy supply at a reasonable price" (Haghighi 2008: 461)

" From a gas transporters' perspective security of supply touches on three key aspects:

> – *Gas availability*
> – *Adequacy of the gas network*
> – *System integrity"* (Gas Transmission Europe 2003: 1, zitiert nach Böske 2007: 25)

> *„Energy security means the availability of energy at all times in various forms, in sufficient quantities, and at affordable prices."* (United Nation Development Programme 2000: 11).

> *"Security of gas supply is the capability to manage, for a given time, external market influences which cannot be balanced by the market itself"* (International Energy Agency 2004, zitiert nach Bild 2011: 6)

Wie in den meisten Definitionen deutlich wird, hat die Energieversorgungssicherheit zwei grundsätzliche Teilaspekte, die in die Betrachtung einbezogen werden müssen. Auf der einen Seite steht die Verfügbarkeitskomponente und auf der anderen Seite die Preiskomponente. Das bedeutet, dass Energie verfügbar sein muss und zwar dort, wo sie gebraucht wird und zu dem Zeitpunkt, an dem sie gebraucht wird. Hinzu kommt, dass sie zu einem angemessenen Preis zu beziehen sein muss (vgl. Krämer 2011: 28). Es gilt nun, aus dieser Auswahl von unterschiedlichen Definitionen eine möglichst sinnvoll anwendbare herauszusuchen, anhand derer die einzelne Basiskriterien herausgestellt werden können. Dafür ist die Definition der United Nation Development Programme (UNDP) am besten geeignet, da sich ihre Teilaspekte in vier Kriterien gliedern lassen. Dabei wird sich an die Unterteilung von Luis Martin Krämer angelehnt:

1. <u>Verfügbarkeit von Erdgas zu jedem Zeitpunkt:</u> In Kapitel 5.1.2 wird zu erkennen sein, dass es momentan noch kompliziert und kostenintensiv ist, Erdgas in großen Mengen zu lagern. Daher ist eine durchgehende und unterbrechungsfreie Lieferung dieses Rohstoffs notwendig. Unterbrechungen können beim Produzenten oder im Transitstaat stattfinden und zeitlich unterschiedlich lang, wie im Fall der Erdgaskrise Ukraine-Russland, ausfallen. Aber auch im Importland, bzw. in einer Importregion wie der EU, ist eine Unterbrechung z.B. durch eine schlechte Infrastruktur denkbar.

2. <u>Verfügbarkeit in unterschiedlichen Formen:</u> Hiermit ist nicht zwangsläufig die Möglichkeit von Flüssigerdgas als Alternative zu Erdgas gemeint, wobei LNG[1] durchaus mit in die Überlegung einbezogen werden darf. Vielmehr soll laut Krämer durch eine möglichst hohe Diversifikation der Erdgaslieferungen eine Versorgungssicherheit erreicht werden. Das bedeutet, dass möglichst verschiedene Bezugsquellen und Transportwege die Abhängigkeit zu einem einzelnen Lieferanten oder einer einzelnen Pipeline reduzieren sollen.

3. <u>Verfügbarkeit in ausreichenden Mengen:</u> Es sollen für die absehbare Zukunft genügend Ressourcen zur Verfügung stehen, um den Bedarf mit Erdgas vollständig decken zu können. Dazu muss frühzeitig mit der Erschließung neuer Quellen und mit den Verhandlungen mit neuen Lieferanten begonnen werden. Gründe für zu geringe Ressourcen können auch schlichtweg das Versiegen der Quelle oder die Vernachlässigung von Investitionen in neue Lagerstätten sein.

4. <u>Verfügbarkeit zu einem angemessenen Preis:</u> Als ein angemessener Preis kann der Preis angesehen werden, der eine wirtschaftliche und soziale Entwicklung ermöglicht. Zu hohe Preise wirken sich negativ auf die Energiesicherheit aus, da nur noch wenige Konsumenten Erdgas beziehen können (vgl. Krämer 2011: 28f).

Für den Begriff des angemessenen Preises lässt sich allerdings nur eingeschränkt eine Beurteilung vornehmen. Wie bereits zu erkennen ist, soll ein angemessener Preis eine wirtschaftliche und soziale Entwicklung fördern. Demgegenüber steht die durch steigende Energiepreise ausgelöste Energiearmut, unter der man den *„mangelnden Zugang zu adäquaten, bezahlbaren, zuverlässigen, qualitativ hochwertigen, sicheren und umweltfreundlichen Energiedienstleistungen"* (Wuppertaler Institut 2010: 7) verstehen kann. Dabei gibt es innerhalb der EU verschiedene Möglichkeiten, wie z.B. die Wohlfahrtssysteme, darauf zu reagieren. In Deutschland werden beispielsweise die Heizkosten von Arbeitslosengeld II Empfängern durch den Staat subventioniert, sofern diese „angemessen" sind (vgl. Wuppertaler Institut 2010: 11). Ein weiterer Faktor für die Preisgestaltung ist der Bedarf an Erdgas. In den südlichen Ländern mit weniger Heizbe-

---

[1] liquefied natural gas (LNG): Im Deutschen wird für gewöhnlich die englische Abkürzung für Flüssigerdgas verwendet.

darf wird der Preis anders ausfallen als in den nördlichen Mitgliedsstaaten. Das gleiche gilt auch für die osteuropäischen Länder, die vielfach einfach ein anderes Preisniveau als Mitteleuropa haben.

Letztendlich kann hier die Meinung vertreten werden, dass ein funktionierender Binnenmarkt einen angemessenen Preis erzeugen wird.

Immer wenn von Versorgungssicherheit gesprochen wird, bedeutet dies im Umkehrschluss auch, dass ein Risiko für eine Versorgungsunterbrechung besteht. Ohne dieses Risiko würde die Versorgungssicherheitsdebatte ad absurdum geführt, da ja überall und zu jeder Zeit ohne Gefahr genügend Energie zur Verfügung stehen würde. Bei den Risiken gibt es unterschiedlichen Typen, die nachfolgend anhand ihrer Eigenschaften in Bezug auf Johannes Böske in vier Gruppen aufgeteilt werden. Ergänzt wird diese Aufteilung anschließend noch um einen weiteren Faktor:

a. Technische Risiken, z.B. Systemausfälle aufgrund des Wetters
b. Politische Risiken, z.B. Embargo und Streitigkeiten
c. Regulatorische Risiken, z.B. fehlende Anreize für Investitionen
d. Ökonomische Risiken, z.B. mangelnde Erschließung von Ressourcen (vgl. Böske 2007: 25 f.)

Diese Einteilung soll die Risiken, denen die EU ausgesetzt ist und mit denen sie sich beschäftigen muss, deutlich machen. Dies ist wichtig, da es für ein besseres Verständnis der Versorgungssicherheitsproblematik sorgt. Allerdings werden die politischen Risiken noch um die geopolitischen Risiken erweitert. Aufgrund einer globalen Ungleichverteilung der Erdgasvorkommen (siehe Kapitel 4.1) besteht für die EU ein Nachteil für den Bezug von Erdgas. Zusätzlich, und so definiert Krämer den geopolitischen Faktor, hängt

> *„Die Versorgungssicherheit eines Staates […] nicht nur von ihm selbst, sondern auch von anderen Akteuren ab (z. B. Produzenten- und Transitstaaten sowie anderen Verbrauchern). Um was für Staaten es sich hierbei handelt, wie es um deren Sicherheit, deren ökonomische, politische und soziale Stabilität, deren Interessen und deren Beziehung zueinander steht, kann einem auf Importe angewiesenen Staat nicht gleichgültig sein."* (Krämer 2011: 34).

Ein Beispiel dafür wäre die sogenannte „*Gaswaffe*" (Westphal 2007). Da die Kontrolle über das Erdgas meist dem Staat zusteht, auf dessen Territorium es gefunden wurde, könnte es demnach nicht nur ökonomischen Zwecken wie dem Verkauf dienen, sondern auch als politisches Druckmittel eingesetzt werden (siehe Kapitel 4.3.2). So ist vorstellbar, dass ein Staat den Vorteil der Erdgaslagerstätten nutzt, um die Nachbarstaaten oder aber auch die Abnehmerstaaten zu bestimmten Handlungen zu zwingen (vgl. Krämer 2011: 39).

Der Erdgasenergiemarkt wurde seit jeher als strategischer Bereich für Nationalstaaten oder für einen Staatenverbund wie die EU angesehen und ist daher mal mehr oder mal weniger von den jeweiligen Regierungen beeinflusst worden. Dies hat den Hintergrund, dass der Energiemarkt immer eine herausragende Rolle für die Wettbewerbsfähigkeit, die ökonomische und soziale Weiterentwicklung und die nationale bzw. europäische Sicherheit hatte (vgl. Böske 2007: 16). Diese Faktoren, die hier auf die einzelnen Nationalstaaten angewendet wurden, lassen sich jedoch und wie bereits auch schon geschehen, auf die Europäische Union übertragen. Die EU strebt genauso eine ökonomische und soziale Weiterentwicklung an und muss um die Wettbewerbsfähigkeit auf einem globalen Markt kämpfen.

Weiterführend lassen sich in Bezug auf die EU eine externe und eine interne Dimension der Versorgungssicherheit darstellen. Die externe Dimension umfasst die Lieferländer aber auch die Transitstaaten. Sie steht daher für die Energieaußenpolitik mit ihren Abkommen und Kooperationen und dem hier gewählten Beispiel der Nabucco Erdgas Pipeline. Die interne Dimension hingegen beinhaltet die Bestimmungen der EU, die zu einem Energiebinnenmarkt führen sollen. Dazu gehören z.B. die Regulierungsmaßnahmen, Entflechtungsbemühungen und die transeuropäischen Energienetze.
Anhand der vorgestellten Kriterien, besonders aber der gewählten Definition der UNDP, sollte es im Folgenden nun möglich sein, die Versorgungssicherheit der Europäischen Union einzuschätzen und herauszustellen, ob eine Energieaußenpolitik im Gegensatz zu einem Energiebinnenmarkt erfolgreicher zu diesem Ziel führen kann.

3 Europäische Energiepolitik

Bevor nun auf die externe und interne Dimension des Ziels Versorgungssicherheit eingegangen wird, wird die Energiepolitik auf europäischer Ebene dargestellt und wichtige Ereignisse für ihre Entwicklung hervorgehoben.

Die Verantwortlichkeiten für die europäische Energiepolitik verteilen sich vor allem auf die Europäische Kommission, das Europäische Parlament und den Rat der Europäischen Union. In Bezug auf die Kommission ist die Generaldirektion (GD) Energie hervorzuheben, da diese die Ziele des Energietransports, der Versorgung der EU mit wettbewerbsfähiger Energie und der Schaffung eines Rahmens für kontinuierliche und sichere Energieversorgung verfolgt. Dabei entwickelt sie strategische Analysen, fördert den Energiebinnenmarkt und die Energieaußenpolitik und unterstützt den Ausbau der Energieinfrastruktur (vgl. Europäische Kommission 2012a). Hierbei wird jedoch auch ersichtlich, dass diese Aufgabenfelder Querschnittsthemen mit z.B. der GD Wettbewerb oder GD Binnenmarkt sind. Das bedeutet, dass auch diese Generaldirektionen Einfluss auf die Energiepolitik nehmen können.

Innerhalb des Europäischen Parlaments ist der Ausschuss für Industrie, Forschung und Energie für Energiepolitik verantwortlich. Dort stehen auch Punkte wie die Versorgungssicherheit und Wettbewerbsfähigkeit auf der Agenda (vgl. Europäisches Parlament 2012). Der Rat der Europäischen Union hat hingegen die Aufgabe, die mitgliedsstaatlichen energiepolitischen Meinungen zu koordinieren. Hinzu kommen allerdings auch die Sicherstellung der Energieversorgung zu einem fairen Preis durch einen angemessenen Wettbewerb, die Einhaltung eines Sicherheitsniveaus bei der Versorgung mit Erdgas und die Sicherstellung des funktionierenden Energiebinnenmarkts (vgl. Rat der Europäischen Union 2012). Wie zu erkennen ist, hat jede der drei großen Institutionen Kompetenzen für den Energiebinnenmarkt und die Energieaußenpolitik und es lassen sich keine klaren Abgrenzungen definieren.

Die europäische Energiepolitik war lange Zeit durch den Gedanken eines gemeinsamen Binnenmarkts geprägt. In diesem Zusammenhang wurden seit den 1990er Jahren drei Legislativpakete verabschiedet, die dieses Ziel in die Realität umsetzen sollten. Durch die Osterweiterung der Union 2004/07 und die Aufnahme neuer Mitgliedsstaaten hat sich dieser Fokus jedoch verschoben, bzw. wurde um den Bereich der Energieaußenpolitik erweitert. Damit stand die EU vor dem Problem, dass sie Mitgliedsstaaten hatte, die zu 100% von Erdgasimporten aus Russland abhängig waren (vgl. Pollak 2010: 143). Die Kommission erkannte zu dem Zeitpunkt außerdem, dass eine wirksame Energieaußenpolitik auch immer von einem funktionierenden Energiebinnenmarkt abhängt (vgl. Kommission 2006, zitiert nach Pollak 2010: 143). 2006 erschien daraufhin das Grünbuch „Eine europäische Strategie für nachhaltige, wettbewerbsfähige und sichere Energie", in dem drei Hauptziele, das sogenannte energiepolitische Zieldreieck formuliert wurden: Nachhaltigkeit, Wettbewerbsfähigkeit und Versorgungssicherheit. Für diese Ausarbeitung sind allerdings nur die beiden letztgenannten Punkte relevant. Die Kommission konkretisiert diese beiden Punkte in vier weitere Bereiche:

- Energiesolidarität
- Innovation
- Wettbewerbsfähigkeit und Energiebinnenmarkt
- Eine gemeinsame, europäische Energieaußenpolitik (vgl. Grünbuch KOM(2006) 105)

Die Energiepolitik musste sich immer wieder bestimmten Ereignissen anpassen. Dazu zählen die Osterweiterungen, die Erdgaskrisen Russlands mit der Ukraine 2006/2009 und die sich verknappenden Energieressourcen. Durch diese Entwicklungen rückte das Thema der Energieversorgungssicherheit in den Mittelpunkt der Energiepolitik (vgl. Pollak 2010: 151).

Es darf jedoch nicht außer Acht gelassen werden, dass genau genommen nicht die Europäische Union Erdgas von einem Lieferanten bezieht, sondern dass es sich in aller Regel um Energieunternehmen handelt. Das bedeutet im Umkehrschluss, dass die EU gar nicht direkt für den Import von Energie zuständig ist, sondern sich dabei auf die Unternehmen verlassen muss. Der Union fällt dabei (nur) die Rolle der Rahmensetzung zu, d.h. dass sie die Bedingungen für den Handel und Import von Erdgas regelt und auf diese Weise zur Energieversorgung beiträgt (vgl. Pollak 2010: 152). Bei der Formulierung der Rahmenbedingungen muss die EU die bereits teilweise erwähnten internen und externen Faktoren beachten. Zu den internen Einflüssen zählen die Regulierung und Entflechtung von Energieunternehmen, die transeuropäischen Energienetze, die Solidarität und Krisenreaktionsmechanismen oder auch das Entry-Exit System, das eigentlich zwischen den internen und externen Faktoren einzuordnen ist. Bei den externen Faktoren muss die EU auf die politische Situation in Drittstaaten, auf bestehende Lieferverträge und ausreichendes Vorhandensein von Energieressourcen achten (vgl. Pollak 2010: 151). Hinzu kommen noch Diversifizierungsabsichten, Energiegemeinschaften und Pipelineprojekte.

Die aktuellsten Entwicklungen zeigen, dass die EU im Bereich der Energieaußenpolitik ihre Rolle neu interpretiert und als handelnder Akteur tätig wird. 2011 wurde die Kommission das erste Mal vom Ministerrat dazu beauftragt, selbstständig einen Energievertrag mit Aserbaidschan und Turkmenistan zu verhandeln (vgl. Buchan 2011: 43). Ein großes Problem bei der Formulierung einer gemeinsamen Energiepolitik stellt jedoch die *„heterogene [...] Energiesituation der einzelnen Mitgliedsstaaten, insbesondere in Bezug auf Energiemix und Importabhängigkeit"* (Pollak 2010: 152) dar. Dies führt dazu, dass jedes Mitgliedsland andere energiepolitische Interessen verfolgt, woraus eine uneinheitliche Energieaußenpolitik und ein schlecht koordinierter Krisenreaktionsmechanismus resultieren. Für eine einheitliche europäische Energiepolitik ist es deshalb elementar, diese Interessen zu koordinieren. Welche weiteren Veränderungen in jüngster Zeit eingeführt wurden, wird ersichtlich, wenn man die Energiepolitik im Vertrag von Lissabon betrachtet.

3.1 Energiepolitik im Vertrag von Lissabon

Mit dem Vertrag von Lissabon wurde erstmals ein Kapitel für Energie in das Primärrecht der Europäischen Union aufgenommen. Dieser Entwicklung gingen aber lange Diskussionen voraus, da bereits Mitte der 1990er Jahre einige Mitgliedsstaaten und auch das Europäische Parlament die Aufnahme eines entsprechenden Artikels gefordert hatten (vgl. Pollak 2010: 111 f.). Dieser neu geschaffene Artikel 194 „Energie" formuliert vier energiepolitische Ziele, von denen drei für diese Ausarbeitung von besonderer Relevanz sein werden:

> *„a. Sicherstellung des Funktionierens des Energiemarkts;*
> *b. Gewährleistung der Energieversorgungssicherheit in der Union;*
> *c. Förderung der Energieeffizienz und von Energieeinsparungen sowie Entwicklung neuer und erneuerbarer Energiequellen und*
> *d. Förderung der Interkonnektion der Energienetze"* (Artikel 194 AEUV).

Diese Ziele sollen „*im Geiste der **Solidarität** zwischen den Mitgliedsstaaten* [und] *im Rahmen der Verwirklichung und des Funktionierens des Binnenmarkts*" (Artikel 194 AEUV) verwirklicht werden. Ergänzt wird dieses Kapitel vom Artikel 4 AEUV, in dem festgelegt ist, dass sich die EU im Bereich des Binnenmarkts, der transeuropäischen Netze und der Energie mit den Mitgliedsstaaten die Zuständigkeit teilt. Davon ausgenommen ist allerdings das Recht des einzelnen Mitglieds, „*die Bedingungen für die Nutzung seiner Energieressourcen, seine Wahl zwischen verschiedenen Energiequellen und die allgemeine Struktur seiner Energieversorgung* [selbst] *zu bestimmen.*" (Artikel 194 Abs. 2 AEUV). Geprägt wurde der Artikel 194 besonders von den zehn neuen Mitgliedsstaaten, die aufgrund ihrer Abhängigkeit zu Russland darauf drängten, dass die EU eine größere Rolle in den Verhandlungen mit Russland einnehmen solle. Daraufhin fand der Punkt b) „Gewährleistung der Energieversorgungssicherheit in der Union" den Einzug in das neue Vertragswerk (vgl. Buchan 2012: 40 f.).

Der Artikel 194 AEUV stellt einerseits eine Neuerung im Primärrecht der EU dar, schafft andersetis aber keine völlig neuen Kompetenzen auf europäischer Ebene und somit auch keine einschneidenden Änderungen in der Praxis der Kommission. Vielmehr muss diese im Bereich der nach innen gerichteten Politik weiterhin durch Querschnittsthemen mit anderen Politikbereichen Einfluss auf die Energiepolitik ausüben, um Maßnahmen festlegen zu können. Mögliche Bereiche sind in dem Fall der Binnenmarkt (vgl. Art. 26 AEUV), die Zollunion (vgl. Art. 28, 30, 32 AEUV), Warenverkehrsfreiheit (vgl. Art. 34 ff. AEUV), Tätigwerden bei „*gravierenden Schwierigkeiten mit der Versorgung bestimmter Waren*" (Art. 122 AEUV) oder die transeuropäischen Netze (vgl. Art. 170 AEUV). Entgegenkommend für die Gemeinschaft wirkt die Rechtsprechung des Europäischen Gerichtshofs, der festgelegt hat, dass Erdgas unter bestimmte Waren fällt und demnach den Bestimmungen des Binnenmarkts unterliegt. Damit hat der Rat die Möglichkeit, auf Vorschlag der Kommission über angemessene Maßnahmen zu entscheiden. (vgl. Nötzold 2011: 203 ff.).

Im Bereich der Energieaußenpolitik gibt es im aktuellen Vertragswerk keine genauen Regeln und dementsprechend auch keine grundlegenden Kompetenzveränderungen. Hier ist wiederum aber der Einfluss über Querschnittsthemen mit anderen Politikfeldern möglich. Die Versorgungssicherheit kann demnach zur Gemeinsamen Außen- und Sicherheitspolitik hinzugezählt werden, in der „*sämtliche Fragen im Zusammenhang mit der Sicherheit der Union*" (Art. 24 AEUV) behandelt werden. Ein weiteres Politikfeld wäre die gemeinsame Handelspolitik, die z.B. den Handel mit Waren (und demnach auch mit Erdgas) beinhaltet (vgl. Art. 207 AEUV). Die EU legt in weiteren Artikeln fest, dass sie eine Politik gestalten möchte, die ihre Sicherheit und Unabhängigkeit auf dem Gebiet der internationalen Beziehungen wahren kann (vgl. Art. 21 Abs. 2 EUV). Zudem wird im selben Artikel die Kohärenz zwischen dem außenpolitischen Handeln der EU und den übrigen Politikbereichen erwähnt (vgl. Art. 21 Abs. 3 EUV).

3.2 Energieabhängigkeit der Europäischen Union

Doch in welchem Ausmaß ist die Europäische Union nun von ihren Lieferanten abhängig und wer sind diese überhaupt? Die EU war 2001 mit einem Anteil von 13,9% des weltweiten Erdgasverbrauchs nach Nordamerika und dem asiatisch-pazifischen Raum die weltweit drittgrößte Verbrauchsregion (vgl. Tabelle A).

Tabelle A

Verbrauchsregion	Erdgasverbrauch 2011 in Mrd. m³
Nordamerika	863,8
Asiatisch-pazifischer Raum	590,6
Europäische Union	447,9
Russland	424,6

BP Statistical Review 2012

Dabei wird Erdgas hauptsächlich für die Stromerzeugung (32%), in den Haushalten für die Heizung und das Kochen (26%), der Industrie (21%) und für Dienstleistungen (12%) genutzt. Damit hat es einen Anteil von ungefähr 25% am Energiemix der EU. Der Grad der Abhängigkeit ist bei jedem Mitgliedsland allerdings unterschiedlich hoch. Fünfzehn Staaten, besonders die neuen Mitgliedsstaaten, sind von einer nahezu hundertprozentigen Abhängigkeit betroffen. 2007 waren nur noch Dänemark und die Niederlande in der Lage, Erdgas zu exportieren (vgl. SEC(2009) 978). Als Gründe für diese Unterschiede sind insbesondere der nationale Energiemix und die eigene Reserveausstattung zu nennen. Aufgrund dessen bewertet auch jedes Mitglied der EU die notwendige Energiepolitik anders.

Das Problem der Abhängigkeit von Erdgasimporten lässt sich anhand der aktuellen Daten der BP Statistical Review of World Energy June 2012 darstellen. Demnach hielt die EU 2011 nur 0,9% der weltweit verfügbaren Erdgasreserven auf dem eigenen Gebiet. Allerdings wurden im gleichen Jahr 4,7% der jährlichen weltweiten Fördermenge innerhalb der EU erzielt. Besonders prägnant wird das Bild allerdings erst, wenn man sich den Erdgasverbrauch der 27 Mitgliedsstaaten anschaut. Wie in Tabelle B zu sehen ist, hat die EU 2011 nur 34,6% des Verbrauchs durch eigene Fördermengen abdecken können. Daraus lässt sich ableiten, dass gut zwei Drittel des Gesamtbedarfs importiert werden muss.

Tabelle B

Förderung von Erdgas in der EU 2011 in Mrd. m³	155
Verbrauch von Erdgas in der EU 2011 in Mrd. m³	447,9
Prozentualer Anteil der Förderung am Verbrauch	34,6%

BP Statistical Review 2012

Abbildung 1

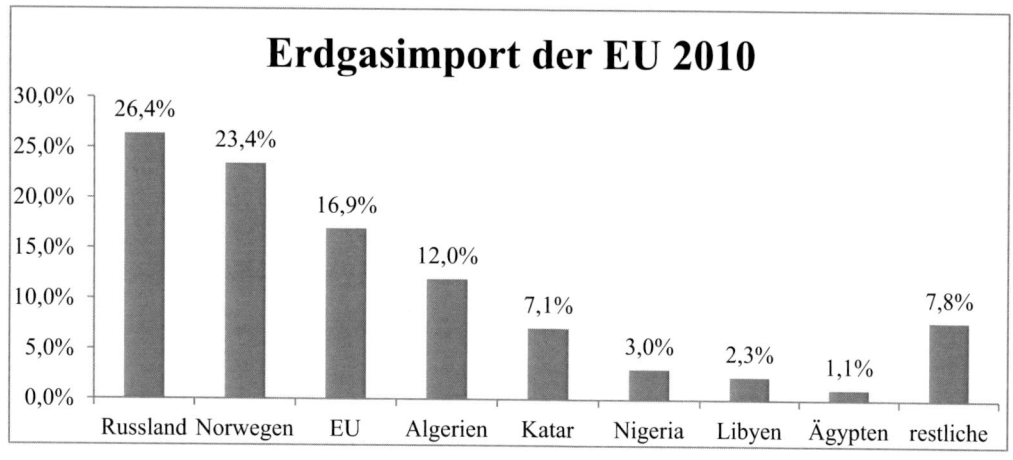

Eurostat 2012

Für die Importquoten liegen leider nur Daten bis 2010 vor (vgl. Abbildung 1). Diese machen jedoch deutlich, dass die EU zu 26% vom russischen Erdgas abhängig ist, womit Russland den größten Importeur von Erdgas darstellt. Zudem ist zu erkennen, dass Norwegen, Algerien und Katar weitere wichtige Importländer sind.

Im Fall von Russland lässt sich eine besondere Abhängigkeit erkennen, die sich zudem noch erhöht, wenn man die Erdgasmengen hinzuzählt, die nicht aus Russland stammen, jedoch durch russische Pipelines nach Europa transportiert werden. Hierbei geht man von ca. 42% der europäischen Erdgasimporte aus (vgl. International Energy Agency 2008: 62). Dennoch nimmt trotz zunehmender Importe der Anteil an russischem Erdgas seit 2001 (38%), mit Ausnahme des sehr kalten Winters 2007/8, sukzessive ab (vgl. Abbildung 2).

Abbildung 2

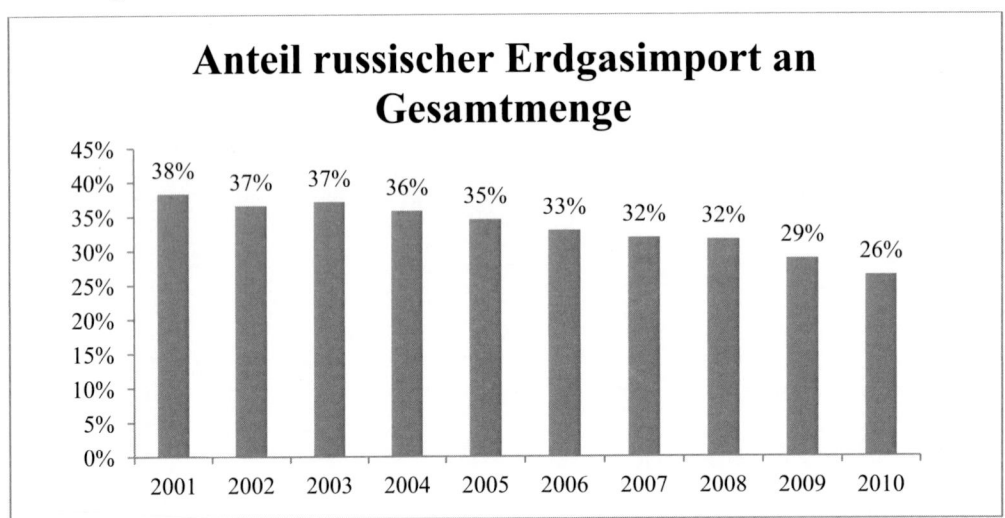

Eurostat 2012

Hinsichtlich des zukünftigen Verbrauchs von Erdgas gibt es unterschiedliche Auffassungen. Eine Sichtweise geht jedoch davon aus, dass der Erdgasbedarf in den nächsten Jahrzehnten zurückgehen wird. Dies wird mit den anvisierten Zielen der Richtlinie 2009/28/EG begründet, in der die EU eine Reduktion der Treibhausgase und des Energieverbrauchs festlegte und zeitgleich einen Anstieg der Erneuerbaren Energien forderte. Sollten dieses und zukünftige Ziele wirklich umgesetzt werden, würden Erdgas sowie alle anderen fossilen Brennstoffe zukünftig nur noch als ein Übergangsprodukt angesehen werden (vgl. Dickel und Westphal 2012: 5). Unterstützt wird diese Annahme auch durch die rückläufigen Verbrauchszahlen innerhalb der EU. Die abnehmende Tendenz ist nur durch die ungewöhnlich strengen Winter nicht vollkommen eindeutig zu erkennen (vgl. Abbildung 3).

Abbildung 3

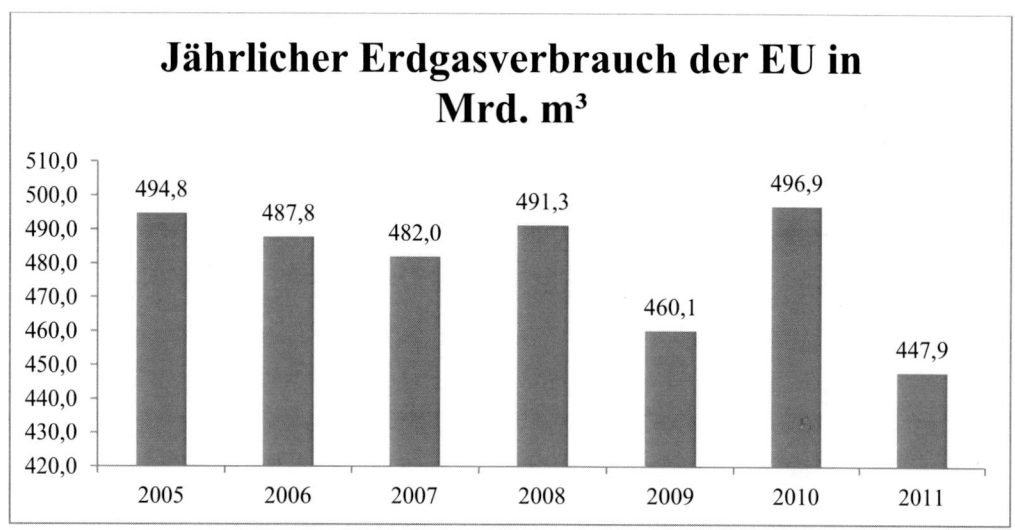

BP Statistical Review 2012

Um sich nun aus der bestehenden Abhängigkeit weiter zu lösen, hat die EU theoretisch drei Möglichkeiten. Sie kann entweder die inneren Faktoren, in dem Fall den Binnenmarkt für Energie, stärken, sie kann ihren Fokus vermehrt auf eine Energieaußenpolitik legen, oder sie versucht eine zufriedenstellende Mischung aus beiden Politikrichtungen zu erreichen.

4 Europäische Energieaußenpolitik

Den ersten Versuch einer europäischen Energieaußenpolitik unternahm die Kommission bereits im Jahr 2000. Allerdings wurde dieser als ein Eingriff in die Souveränität der einzelnen Mitgliedsstaaten gewertet und war dementsprechend wenig erfolgreich (vgl. Wörz 2011: 108). Das Thema ist allerdings durch die Osterweiterung der EU und die Erkenntnis der Verwundbarkeit durch die Erdgaskonflikte Russlands mit der Ukraine wieder in den Fokus der Politik gerückt (vgl. Pollak 2010: 143). Besonders durch die Erdgaskrisen wurden die einseitigen Lieferabhängigkeiten der osteuropäischen Mitgliedsstaaten ersichtlich. Dies führte zum Ruf nach mehr Solidarität und Polen brachte sogar die Gründung einer "Energie-NATO" ins Spiel (vgl. Wörz 2011: 109). Parallel zu den Streitigkeiten der Ukraine mit Russland und damit im Nachhinein zum richtigen Zeitpunkt, erkannte die Kommission 2006, dass eine kohärente Energieaußenpolitik die

Grundlage für eine sichere Energieversorgung darstellt (vgl. Grünbuch KOM(2006) 105: 16). Diese Sicherheit ist folglich von externen Faktoren bestimmt. Dazu zählen die politische Situation im Produktionsland, Lieferverträge mit Energieunternehmen, das Vorhandensein und die Förderfähigkeit von Erdgas und letztendlich auch die Transitrouten durch die diversen Staaten (vgl. Haghighi 2008: 462). Weitere Hindernisse für eine einheitliche Außenpolitik sind in der mangelnden Diversifikation der Lieferanten und der Heterogenität der einzelnen Mitgliedsstaaten zu finden (vgl. Pollak 2010: 155). Das führt dazu, dass die Energieaußenpolitik von Partnerschaften und Energiegemeinschaften, Diversifikationbestrebungen und der Koordination der mitgliedsstaatlichen Abkommen zu Drittstaaten geprägt ist. Die EU muss jedoch international *„eine starke, wirksame und auf Fairness beruhende Position vertreten"* (KOM(2011) 539: 2), um die Energiemärkte der Drittstaaten zu fördern und sicherer zu machen. Durch die vor Ort in den Lieferländern erreichte Versorgungssicherheit profitiert die EU dauerhaft von stabilen Partnerschaften und verlässlichen Lieferbeziehungen. Langfristig gesehen könnte die EU so auf einen globalen Energiemarkt hinarbeiten, der sie selber weniger anfällig für eventuelle Krisen machen würde (vgl. KOM(2011) 539: 3).

Um einer einheitlichen Energieaußenpolitik näher zu kommen, hat der Rat der Europäischen Union in seiner Schlussfolgerung vom 8./9.März 2007 noch einmal ausdrücklich die Wichtigkeit der Dialoge und Partnerschaften zwischen den Verbrauchsländern untereinander, den Verbrauchsländern und Erzeugerländern und zu den Transitländern hingewiesen. Dazu gehören:

- Aushandlung eines Folgeabkommens zum Partnerschafts- und Kooperationsabkommen mit Russland
- Intensivierung der Beziehungen zum kaspischen und zentralasiatischen Raum
- Gewährleistung der Umsetzung des Vertrages über die Energiegemeinschaft
- Nutzung der Instrumente der Europäischen Nachbarschaftspolitik
- Ausbau der Beziehungen zu Algerien, Ägypten und anderen Ländern der Maghreb Region (vgl. Rat der Europäischen Union 2007: 19)

Erschwert werden einige diese Bemühungen jedoch durch die Omnipräsenz Russlands. Wie noch zu erkennen sein wird (siehe Kapitel 4.3.2), ist die russische Regierung nicht nur innerhalb der eigenen Staatsgrenzen dominant, sondern auch außerhalb derer ist es schwer, dieser Großmacht aus dem Weg zu gehen. Durch Verbindlichkeiten und Kooperationen der Lieferländer mit Russland muss dieser Faktor immer mit in die Versorgungssicherheit einbezogen werden, auch wenn der Lieferstaat in Zentralasien oder dem kaspischen Raum liegt (vgl. Wörz 2011: 115).

4.1 Geographie der Energieaußenpolitik

„Geographie ist also eine wichtige Komponente der globalen Ressourcensuche und hat enormen Einfluss auf die strategischen Interessen und Optionen der EU" (Pollack 2010: 164).

Abbildung 4

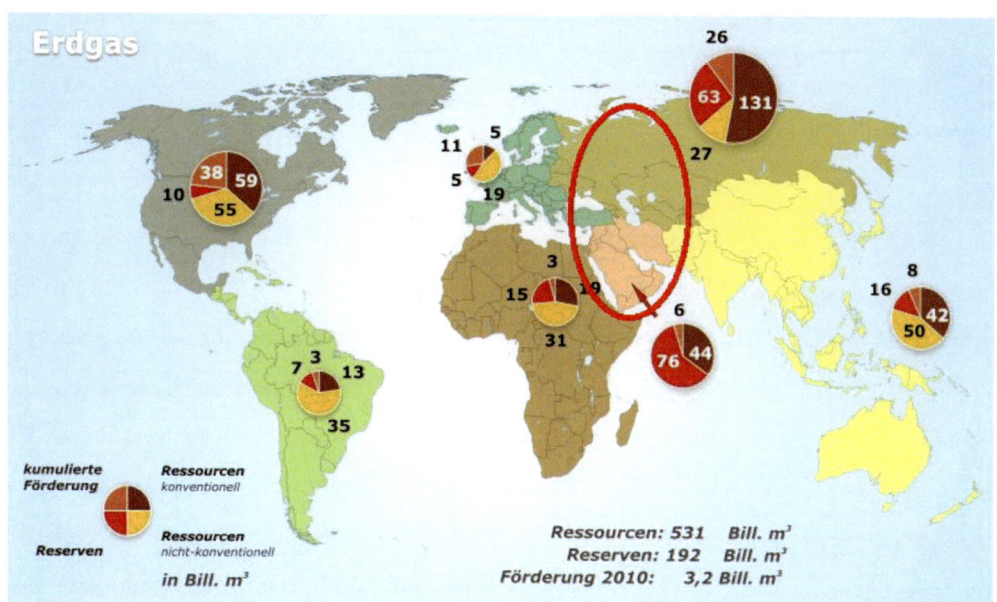

Bundesanstalt für Geowissenschaften und Rohstoffe 2012

Wie auf Abbildung 4 zu erkennen ist, befinden sich die bedeutenden Erdgasvorkommen innerhalb einer sogenannten "strategischen Ellipse", die sich über Westsibirien, den Kaukasus und die arabische Halbinsel erstreckt. Dadurch ist ersichtlich, dass die Erdgasressourcen weltweit ungleichmäßig verteilt sind. Die Europäische Union muss demnach im Rahmen ihrer Bemühungen für eine sicherere Versorgung die Verteilung und die Erreichbarkeit der Bezugsquellen in ihre Politik einbeziehen. Sie selbst war 2011 mit 1823,65 Mrd. m³ Erdgas im Besitz von nur ca. 0,9% der weltweiten Erdgasreserven und muss daher ihren Bedarf auf globaler Ebene decken. Der Hauptteil der eigenen

Vorkommen befindet sich in Dänemark, den Niederlanden, Großbritannien und Deutschland (vgl. BP Statistical Report 2012 und Abbildung 5).

Abbildung 5

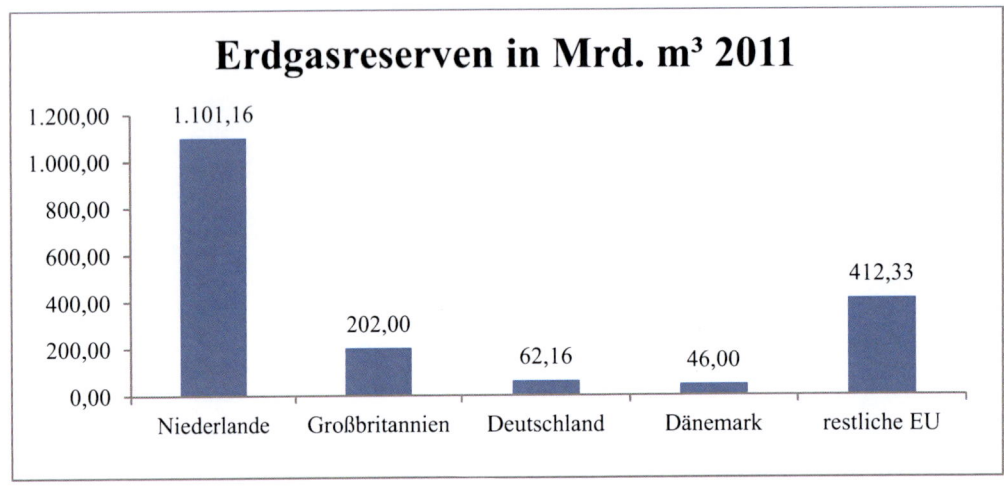

BP Statistical Review 2012

Die nächstgelegenen Quellen entlang der EU Außengrenzen und somit kostengünstige Lieferanten sind Norwegen (1% der weltweiten Vorkommen), Algerien (2%) und Russland (21%). In Nordafrika (Ägypten und Libyen) befinden sich 2% der bislang gesicherten Vorkommen. Im kaspischen Raum (Aserbaidschan, Turkmenistan, Kasachstan und Usbekistan) und damit noch im erweiterten Einzugsbereich der EU befinden sich ca. 5% der weltweiten Vorkommen. Weiterhin wäre auch der arabische Raum mit ca. 21% noch zu den wirtschaftlich sinnvollen Lieferanten zuzuordnen. Letztendlich sind noch der Iran und Irak erwähnenswert (ca. 18%), die jedoch aufgrund von Sanktionen und kriegsähnlichen Zuständen als schwierig einzuschätzen sind (vgl. BP Statistical Review 2012). Je weiter die Bezugsquelle allerdings von der EU entfernt liegt, umso mehr steigen die Transportkosten und der Wettbewerb mit anderen Verbrauchern, wie z.B. den USA oder China. Interessant könnte daher für die Europäische Union die Region der Arktis sein, in der große Vorräte an Erdgas vermutet werden. Durch Ansprüche Dänemarks oder auch im weiteren Sinn Norwegens wäre eine Versorgung aus diesen Vorkommen für die Zukunft von enormer Bedeutung (vgl. Pollak 2010: 166).

Neu ins Spiel kommen Länder wie Katar, Australien, und Trinidad und Tobago, die als „global player" im Flüssigerdgasmarkt angesehen werden. Da diese Form nicht leitungsgebunden ist, spielt die geographische Lage nur noch eine untergeordnete Rolle. Für den Transport kann wie beim Erdöl auf Schiffe gesetzt werden (vgl. KOM(2011) 539: 11).

4.2 Instrumente der Energieaußenpolitik

Die Diversifizierung der Bezugsquellen, der Lieferanten und Transportwege und die Steigerung der Marktintegration zählen zu den Projekten von europäischem Interesse (vgl. Reichert und Voßwinkel 2011: 2). Die Diversifizierung ist mit einem erheblichen Aufwand verbunden und kann nicht immer mit einer Erfolgsgarantie angegangen werden. Um dies deutlich zu machen, wird in Kapitel 4.3 auf das Beispiel der Nabucco Pipeline eingegangen. Um die anfänglich genannten Ziele erreichen zu können, hat die Europäische Union im Laufe der letzten beiden Jahrzehnte Abkommen und Partnerschaften gebildet. Angefangen von einfachen bilateralen Abkommen zur Sicherung der Versorgung und der Transportwege über Kooperationen mit ganzen Regionen hat die EU versucht, um sich herum ein Netzwerk aller relevanten Akteure für eine sichere Erdgasversorgung zu spannen. Dabei wurden kleine Ländergruppen wie der Westbalkan, aber auch Großmächte wie Russland mit eingebunden. Die neuste Entwicklung ist die Koordinierung der mitgliedsstaatlichen Bemühungen, bilaterale Erdgasabkommen zu schließen. Damit soll ein weiterer Schritt auf dem schon lange angestrebten Weg zu einer gemeinsamen und kohärenten Energieaußenpolitik gemacht werden.
Bei der Betrachtung der folgenden Instrumente lässt sich feststellen: Den gemeinsamen Nenner dieser Maßnahmen stellt überwiegend der Versuch dar, die nicht mitgliedsstaatlichen Märkte und Ressourcen an die Europäische Union heranzuführen und damit nutzbar zu machen.

4.2.1 Diversifizierung der Bezugsquellen

Unter der Diversifizierung versteht die Europäische Union die Ausweitung ihrer Bezugsquellen für Erdgas. Sie ist der Ansicht, dass bis 2020 jede europäische Region einen physischen Zugang zu mindestens zwei unterschiedlichen Erdgasquellen haben sollte (vgl. KOM(2010) 677: 12). Die Diversifikation bezieht sich demnach einerseits auf die Energielieferanten, aber andererseits auch auf die Transportwege. Ein Transportweg in Form einer Pipeline kann zudem von mehreren Ländern beliefert werden, um die Auslastung der Leitung jederzeit zu gewährleisten. Eine mögliche Alternative zur physischen Verbindung stellt der Import von Flüssigerdgas dar, da dieser nicht Leitungsgebunden ist. So wäre es möglich, auch Lieferanten außerhalb der Reichweite von festen Transportnetzwerken zu erreichen und das Erdgas per Schiff zu importieren. Dafür wird aber eine besondere Infrastruktur in Form von Verflüssigungs- und Entflüssigungsterminals in den beteiligten Staaten benötigt.

Ausbau der Pipelines

Aufgrund der bereits skizzierten rückläufigen Produktion von Erdgas innerhalb der EU und dem Bedenken über einseitige Energieversorgung strebt die Union den Bau neuer Pipelines an. Die geplanten Leitungen können in zwei Kategorien eingeteilt werden. Die erste Kategorie stellt Transportwege zu neuen Erdgasquellen dar (z.B. Nabucco für Zentralasien oder die Medgaz-Pipeline für Nordafrika), die zweite Kategorie sind hingegen alternative Routen für bereits bestehende Bezugsquellen (wie z.B. Russland). Die erste Variante erhöht demnach nicht nur die Liefermenge, sondern führt auch zu einer Diversifikation der Erdgasquellen. Die zweite Variante erhöht zwar die Liefermenge, allerdings verändert sie nicht die Anzahl der unterschiedlichen Quellen (vgl. Pollak 2010: 162).

Die Kommission hat in ihrer Mitteilung Energieinfrastrukturprioritäten bis 2020 und danach von 2010 drei verschiedene vorrangige Korridore für die Transportwege festgelegt (vgl. KOM(2010) 677: 12). Einer davon ist der südliche Korridor, in dem auch die Nabucco verlaufen soll. Über diesen Transportweg sollen bis zum Jahr 2020 ca. 10-20% der Erdgasnachfrage der Europäischen Union transportiert werden können (vgl. KOM(2011) 539: 5). Um genau in dieser Region tätig zu werden, hat die EU 2011 erstmals ein Mandat erhalten, damit sie mit den Vertragspartnern, in dem Fall Aserbaidschan und Turkmenistan, über den Bau einer transkaspischen Pipeline verhandeln kann (vgl. KOM(2011) 539: 5). *„The Commission would replace national negotiators instead of [...] sitting alongside them"* (vgl. Buchan 2012: 43). Die Union tritt dabei als selbstständiger und selbstbewusster Unterhändler für die Mitgliedsstaaten auf. Dies stellt einen Meilenstein in der Energieaußenpolitik der Union dar, da erstmals, vorbehaltlich der Zustimmung aller 27 Mitgliedsstaaten, eine gemeinsame und koordinierte externe Energiepolitik betrieben werden kann. Der Bau dieser transkaspischen Pipeline wird als ein Teil für die erfolgreiche Umsetzung der Nabucco Pipeline betrachtet, da sie als direkter Zulieferer für dieses Großprojekt fungieren kann (vgl. Pressemitteilung IP/11/1023).

Flüssigerdgas als Alternative

Die Diversifikation von Lieferquellen kann nicht nur durch Pipelines zu neuen Bezugsquellen abgedeckt werden, sondern ist auch durch den Ausbau des Flüssigerdgasanteils erreichbar. Um diesen Anteil an der EU Erdgasversorgung merklich zu steigern, muss die Union mit den Hauptlieferländern Katar, Australien, und Trinidad und Tobago eine Kooperation anstreben und dabei mit den signifikanten Verbrauchsländern Japan, China und Indien in den Wettbewerb treten (vgl. KOM(2011) 539: 11). Der Vorteil dieser Lieferländer liegt in der überwiegend vorhandenen politischen Stabilität im Gegensatz zu den jetzigen Bezugsländern der EU.

Momentan werden 21 LNG Terminals in der EU betrieben (hauptsächlich Großbritannien, Frankreich, und Spanien) und ermöglichen einen jährlichen Umsatz von ca. 180 Mrd. m³ und damit ca. 40% des jährlichen Erdgasbedarfs. Diese bestehenden Anlagen sollen in den nächsten Jahren weiter ausgebaut werden, wodurch sich die Kapazitäten noch erhöhen sollen. Zudem befinden sich sechs weitere Anlagen im Bau, die eine zusätzliche Kapazität von 31 Mrd. m³ Erdgas bereitstellen sollen. Diese Anlagen werden bis 2016 in Betrieb gehen können (vgl. Gas Infrastructure Europe). Damit würde zwar weiterhin nur ein Teil der Nachfrage der Union abgedeckt werden (447,9 Mrd. m³ 2011, siehe Kapitel 3.2), jedoch würde dies schon ein weiterer Schritt Richtung Versorgungssicherheit sein.

Wie eingangs beschrieben, gehen diese Diversifizierungsbemühungen mit bi- und multilateralen Abkommen mit Drittstaaten und den Nachbarländern der EU einher. Dort werden z.B. die Transitstrecken verhandelt oder Lieferabkommen beschlossen. Aus diesem Grund macht es Sinn, nachfolgend einige dieser Abkommen näher zu erläutern.

4.2.2 Energiecharta

Die europäische Energiecharta soll einen Rahmen für die Zusammenarbeit der europäischen Staaten mit anderen Industrienationen schaffen. Sie umfasst heutzutage 53 Staaten aus Europa, Asien und Australien, sowie Beobachterstaaten aus Afrika, Asien und Amerika. Durch diesen Zuwachs an Teilnehmern kann man daher nicht mehr nur von einem europäischen Ansatz reden. Vielmehr handelt es sich um einen globalen Rechtsrahmen für die Zusammenarbeit im Energiebereich (vgl. Nötzold 2011: 262). Es wird zudem angestrebt, die Mitgliedschaften auf Nordafrika und den Fernen Osten auszuweiten, um die Staaten in diesen Regionen besser einzubinden (vgl. KOM(2011) 539: 14).

Die Idee für diesen Vertrag wurde erstmals 1990 formuliert und die Energiecharta wurde nach langen Verhandlungen 1994 unterzeichnet. 1998 trat der Vertrag in Kraft (vgl. Energy Charta). Wichtige Ziele sind einerseits der Handel der Energieträger nach den gelten GATT-Bestimmungen und anderseits die Erleichterung des Transits der Rohstoffe. Beim letztgenannten sollen besondere Maßnahmen ergriffen werden, die einer Ungleichbehandlung, wie z.B. Bevorzugung beim Transport von Energieträgern entgegenwirken und die im Fall von Streitigkeiten über die Transitmodalitäten Lieferunterbrechungen ausschließen. Ein weiterer Punkt ist der Schutz von Investitionen und die nicht-Diskriminierung von Investoren (vgl. Europäische Energiecharta 2007).

Ein großes Problem stellt jedoch die Nichtratifizierung des Vertrags in einigen Unterzeichnerstaaten dar, da momentan nur 48 Partner den Vertrag auch tatsächlich ratifiziert haben. Allen voran weigert sich Russland seit der Unterzeichnung, die Energiecharta zu ratifizieren. Russland macht damit klar, dass es zum momentanen Zeitpunkt noch nicht bereit ist, seinen Energiesektor marktwirtschaftlich zu reformieren. Russland könnte durch diesen Schritt z.B. sein Transportmonopol nicht mehr aufrecht erhalten und Streitigkeiten wie im Fall mit der Ukraine wären nicht mehr zulässig (vgl. Nötzold 2011: 262). Die EU sieht es als Vorteil für beide Vertragspartner an, wenn Russland den Vertrag vollständig ratifizieren würde, um seinen Aufgaben im globalen Energiemarkt gerecht zu werden (vgl. KOM(2011) 539: 14).

4.2.3 Weitere Energiepartnerschaften

Die Energiepartnerschaften sind für die EU stabile und langfristige Kooperations- und Dialogmöglichkeiten mit den wichtigsten zukünftigen und potentiellen Liefer- und Transitstaaten (vgl. KOM(2011) 539: 10). Zu diesem *„Mosaik aus Dialogen und weitreichenden Kooperationen bilateraler und multilateraler Natur"* (Westphal 2007) gehören die Energiedialoge, die Europäische Nachbarschaftspolitik, die Energiegemeinschaften, sowie regionale Abkommen, auf die im Folgenden kurz eingegangen werden.

Dabei wird sich herausstellen, dass sich sowohl die beteiligten Länder in den verschiedenen Programmen wiederfinden, als auch die Maßnahmen sich wiederholen.

Bilaterale Energiedialoge

Die Europäische Union hat mit einigen Staaten sogenannte Energiedialoge gestartet. Dazu gehören die wichtigsten Lieferanten wie Norwegen, Russland oder der kaspische Raum und die bedeutenden Transitstaaten wie die Ukraine und die Türkei.

Der direkte Nachbar Norwegen wendet seit dem Inkrafttreten des Europäischen Wirtschaftsraums von 1994 bereits einen Großteil der Binnenmarktbestimmungen der EU an. Dabei sind wichtige Themen des Dialogs die Energieversorgungssicherheit, Forschung und die Produktionsmöglichkeiten in der Arktis (vgl. Europäische Kommission 2012e).

Mit dem wichtigsten Erdgaslieferanten Russland wurde bereits im Jahr 1994 ein Partnerschafts- und Kooperationsabkommen beschlossen. Durch diesen politischen Rahmen sollten der Handel, die Investitionsmöglichkeiten und die Beziehungen zu Russland gefördert werden. Dieses Abkommen wird als rechtliche Basis für den Energiedialog der EU mit Russland angesehen. Im Jahr 2000 wurde dann die Gründung eines regelmäßigen Energiedialogs beschlossen. Die Ziele dieses Dialogs sind die Verbesserung der Investitionsmöglichkeiten, um auch zukünftige Produktion zu gewährleisten, die Transportinfrastruktur sicherer zu gestalten und auszubauen und den Energiemarkt zu öffnen. Zudem wurde nach der Erdgaskrise 2009 mit der Ukraine ein Frühwarnmechanismus eingeführt, der Lieferunterbrechungen durch Informationspflicht und Konsultationsmechanismen vorbeugen soll (vgl. Europäische Kommission 2012f).

Mit der Ukraine, durch die ca. 20% der Erdgasimporte der Europäischen Union transportiert werden und die damit das wichtigste Transitland der EU darstellt, pflegt die Union seit 2001 eine bilaterale Kooperation. Die bedeutendsten Ziele der Zusammenarbeit sind die Gewährleistung der Leistungsfähigkeit, die Sicherheit und die Verlässlichkeit der ukrainischen Erdgastransportnetzwerke (vgl. Europäische Kommission 2012d). Seit 2009 engagiert sich die EU deshalb in der Modernisierung der ukrainischen Erdgasinfrastruktur und erteilt im technischen aber auch finanziellen Bereich Unterstützung (vgl. European Union External Action 2012).

Europäische Nachbarschaftspolitik

Die Europäische Nachbarschaftspolitik wurde entwickelt, um Unterschiede zwischen der erweiterten EU nach 2004 und den Nachbarstaaten zu reduzieren und deren Wohlstand, Stabilität und Sicherheit zu stärken. Die Europäische Kommission hat zu diesem Zweck 2004 ein Strategiepapier entwickelt, in dem verschiedene Aktionspläne erarbeitet wurden. Die EU sieht darin die strategischen Energiepartnerschaften als ein wichtiges Element der Nachbarschaftspolitik an, da sie *„die Sicherheit der Energieversorgung sowie Sicherheit und Gefahrenabwehr im Energiebereich"* (KOM(2004) 373: 18) umfasst. Weiter wurde von der Kommission in dem Papier vorgesehen, *„zusammen mit den Partnerländern eine Reihe an Prioritäten festzulegen, deren Erfüllung sie näher an die Europäische Union heranrückt."* Diese Prioritäten beziehen sich auf *„Handel und Maßnahmen für die Vorbereitung der Partner auf die allmähliche Teilnahme am EU-Binnenmarkt"* (KOM(2004) 373: 3), z.B. in den Bereichen von Energie, Umwelt, Forschung und Innovation (vgl. KOM(2004) 373: 3). Damit wird direkt die Förderung der wirtschaftlichen Entwicklung der Nachbarländer angesprochen, die zusammen mit Forschung und Innovation zu einer Verbesserung der Energieexporte führen soll. Im Fokus der EU sind Lieferanten oder potentielle Lieferanten, mit denen die Union z.B. eine Optimierung der Energienetzverbindungen anstrebt. Genannt werden in dem Zusammenhang Russland, Algerien, Ägypten und Libyen und die wichtigen Transitländer Ukraine, Weißrussland, Marokko und Tunesien, die allesamt einen verbesserten Zugang zum EU-Energiebinnenmarkt anstreben. Darüber hinaus wird die Bedeutung des südlichen Kaukasus, des kaspischen Meers und Zentralasiens erwähnt (vgl. KOM(2004) 373: 18).

Die Europäische Nachbarschaftspolitik hängt eng mit dem INOGATE (Interstate Oil and Gas Transport to Europe) Abkommen zusammen. Dieses wurde 1996 entwickelt und stellt seit 2001 ein internationales Rahmenabkommen dar, dem 12 Staaten[2] angehören. Es wurden in dem Zusammenhang wichtige Transportwege definiert, Machbarkeitsstudien durchgeführt, bestehende Netze repariert und Speicherkapazitäten finanziert. Damit unterstützt dieses Programm einerseits den Ausbau der transeuropäischen Netzinfrastruktur, anderseits ist es mit Hilfe der Nachbarschaftspolitik ein Instrument,

---

[2] Armenien, Aserbaidschan, Weißrussland, Georgien, Kasachstan, Kirgisistan, Moldau, Tadschikistan, Turkmenistan, Ukraine und Usbekistan (vgl. INOGATE)

um die Ressourcen der Vertragsstaaten an den EU Energiemarkt zu binden (vgl. Westphal 2007).

Energiegemeinschaft

Mit dem Vertrag zur Gründung der Energiegemeinschaft, der 2006 für zehn Jahre beschlossen wurde, wurde mit dem Hintergrund *„der sozioökonomischen Stabilität und der Versorgungssicherheit"* (Pressemitteilung IP/11/1223) ein integrierter Energiemarkt für die EU und ihre Vertragspartner[3] geschaffen. Die Europäische Kommission übernimmt dabei die Koordination dieser Gemeinschaft. Die Ziele der Energiegemeinschaft sind ein stabiler rechtlicher Rahmen um Investitionen, einheitliche Regeln für den Handel mit Energie und die grenzüberschreitenden Verbindungen zu ermöglichen und zu schützen (vgl. Beschluss des Rates 2006/500/EG). Zudem soll in den Ländern der Vertragspartner ein Markt geschaffen werden, der langfristig vollständig in den europäischen Energiebinnenmarkt integriert werden kann. Es wurden hinsichtlich des rechtlichen Rahmens schon erhebliche Fortschritte gemacht, für die Zukunft jedoch muss verstärkt in die Modernisierung der Erdgasverbindungen investiert werden. Momentan verfügt die Energiegemeinschaft über einen Haushalt von 3 Mio. Euro, die zu 98% von der Union gestellt werden (vgl. Pressemitteilung IP/11/1223).

Die Türkei ist aufgrund ihrer geographischen Lage die „Brücke" in den kaspischen und arabischen Raum, um die dort vorhandenen Erdgasressourcen nach Europa exportieren zu können. Aufgrund schon bestehender oder auch geplanter Pipelines (u.a. Nabucco) hat die EU ein besonderes Interesse, die Türkei in die Energiegemeinschaft zu integrieren (vgl. Europäische Kommission 2012c). Bisher ist ein Beitritt jedoch daran gescheitert, dass die Türkei zeitgleich eine Vollmitgliedschaft in der EU anstrebt (vgl. Buchan 2012: 40). Daher gab es im Juni 2012 ein Treffen des EU Kommissars für Energie, Günther Oettinger, und dem türkischen Minister für EU Angelegenheiten, um über weitere Energieabkommen zu diskutieren (vgl. Europäische Kommission 2012c). Der Stand der Verhandlungen ist zum jetzigen Zeitpunkt nicht bekannt.

Regionale Kooperationen

---

[3] Albanien, Bosnien und Herzegowina, Kroatien, Mazedonien, Montenegro, Serbien und der Kosovo gemäß der Resolution 1244 des Sicherheitsrates der Vereinten Nationen (vgl. Beschluss des Rates 2006/500/EG). Seit neusten gehören auch die Ukraine und Moldau mit zur Energiegemeinschaft (vgl. KOM(2011) 539: 7)

Im Laufe der Zeit hat die Europäische Union mit verschiedenen Regionen der Welt Kooperationen gegründet. Dazu zählen die Zentralasienstrategie, die Schwarzmeersynergien und die Mittelmeerunion.

Bei der Zentralasienstrategie handelt es sich um eine Partnerschaft insbesondere mit Kasachstan, Kirgisistan, Tadschikistan, Turkmenistan und Usbekistan aber auch dem Iran, Irak und Afghanistan. Die Erschließung von Erdgasquellen hat diese Länder als Produzenten und Transitstaaten zunehmend in den Fokus gerückt und Lieferungen aus diesen Regionen haben dementsprechend an Bedeutung für die Europäische Union gewonnen. Es soll demnach ein verstärkter Dialog im Rahmen der Baku-Initiative[4] geführt werden. Die EU unterstützt Investitionen in die Infrastruktur, um die Sicherheit der Lieferungen und des Transits zu verbessern. Die Union möchte zudem marktorientiere Rahmenbedingungen schaffen, um die Möglichkeiten aller Akteure zu erhöhen und die Preise bestmöglich zu gestalten (vgl. Auswärtiges Amt 2007: 10 ff.).

Ähnliches gilt ebenfalls für die Schwarzmeersynergien, zu der Griechenland, Bulgarien, Rumänien, Moldau, Ukraine, Russland, Georgien, Armenien, Aserbaidschan und die Türkei gehören. Auch hier befinden sich wichtige Produktions- und Transitländer für Erdgas. Wiederholt kommt die Initiative von Baku ins Spiel, mit der die EU den Dialog mit diesen Staaten sucht. Die Anliegen der Union sind die Modernisierung und der Neubau von energiewirtschaftlicher Infrastruktur und die Schaffung eines Energietransportkorridors aus der kaspischen Region und dem Schwarzmeerraum (vgl. KOM(2007) 160: 5 f.).

Die Mittelmeerunion, die 2008 aufbauend auf dem Barcelona-Prozess gegründet wurde, umfasst alle 27 EU Mitgliedsstaaten und 16 Partner aus dem südlichen Mittelmeerraum, Afrika und dem Nahen Osten[5]. Der dafür entwickelte Aktionsplan enthält Maßnahmen für den Zeitraum bis 2013, um die Energieaußenpolitik der EU voranzutreiben. Die Maßnahmen beziehen sich auch bei diesem Programm wieder auf den Ausbau der Infrastruktur, Investitionen und der Integration der Energiemärkte. Die EU wird zu diesem

---

[4] Die Baku-Initiative wurde 2004 ins Leben gerufen und zielt darauf ab, *„to facilitate the progressive integration of the energy markets of this region into the EU market as well as the transportation of the extensive Caspian oil and gas resources towards Europe, be it transiting through Russia or via other routes such as Iran and Turkey"* (Europäische Kommission 2006). Dabei stehen die Entwicklung der regionalen Energiemärkte und die Integration hin zum EU Energiemarkt, die Erhöhung des Investitionsanreizes, die Energieeffizienz und die Sicherung der Energieproduktion und Transporte im Mittelpunkt (vgl. Europäische Kommission 2006).

[5] Ägypten, Albanien, Algerien, Bosnien und Herzegowina, Israel, Jordanien, Kroatien, Libanon, Marokko, Mauretanien, Monaco, Montenegro, die Palästinensische Autonomiebehörde, Syrien, Tunesien und die Türkei (Europäischer Auswärtiger Dienst 2012).

Zweck in dem Zeitraum 3,2 Mrd. Euro zur Verfügung stellen (vgl. Pressemitteilung IP/07/1945). Nach den Revolutionen in Nordafrika nimmt die Bedeutung der Mittelmeerregion für die Energieversorgung wieder zu. Die EU muss sich deshalb aktiv in die Förderung der dortigen Infrastruktur einbinden (vgl. KOM(2011) 539: 6).

4.2.4 Koordinierung der mitgliedsstaatlichen Energieaußenpolitiken

Eines der größten Probleme in der Energieaußenpolitik ist die Tatsache, dass die Europäische Union nur selten in der Lage ist, mit einer einheitlichen Stimme zu sprechen. Deshalb wurden bereits mehrfach von den Mitgliedsstaaten, vom Europäischen Parlament und auch den Bürgern Verbesserungen gefordert. Es wurde erkannt, dass Erfolge für eine gemeinsame Außenpolitik nicht von einem einzelnen Mitgliedsstaat erreicht werden können (vgl. KOM(2011) 539: 3). Paradoxerweise werden diese Forderungen nach einer einheitlichen Energiepolitik gleichzeitig von den nationalen Egoismen konterkariert, da die Mitgliedsstaaten die Souveränität in dem Politikbereich nicht aufgeben wollen (vgl. Westphal 2007). Es wird geschätzt, dass es daher mittlerweile 60 zwischenstaatliche Abkommen[6] für Erdgas gibt. Um die Kohärenz der Beziehungen mit wichtigen Lieferanten und Transitländern zu steigern, hat die Kommission den Vorschlag gemacht, dass die Mitgliedsstaaten ab 2012 über alle bestehenden und geplanten bilateralen Energieabkommen mit Drittstaaten die Kommission informieren sollen. Dieser Vorschlag zielt darauf ab, den Informationsfluss zwischen den Mitgliedsstaaten, aber auch zwischen den Mitgliedsstaaten und der Kommission zu verbessern, um die Rechts- und Investitionssicherheit zu gewährleisten (vgl. KOM(2011) 540: 5 f.). Zudem soll die Kommission jedem Mitgliedsstaat seine Unterstützung bei der Verhandlung des Abkommen anbieten können (vgl. KOM(2011) 540 Art. 4).

Nach der Liberalisierung des Erdgasmarkts stehen die Mitgliedsstaaten zunehmend unter Druck, eventuelle Versorgungsengpässe zu verhindern. Dabei besteht die Gefahr, dass sie auf Eingeständnisse bei den Rahmenbedingungen in den Abkommen mit Drittstaaten gedrängt werden. Ein Beispiel wäre die Unterstützung eines Pipelineprojektes, in dem einem bestimmten Transportkunden das alleinige Recht der Nutzung zugesagt

---

[6] *„Zwischenstaatliche Abkommen werden definiert als rechtsverbindliche Abkommen zwischen Mitgliedstaaten und Drittstaaten, die voraussichtlich Auswirkungen auf das Funktionieren des Energiebinnenmarkts oder auf die Energieversorgungssicherheit der EU haben."* (KOM(2011) 540: 6)

wird. Dies wäre nicht mit dem Unionsrecht vereinbar und würde einen funktionierenden Energiebinnenmarkt bedrohen (vgl. KOM(2011) 540: 1 f.). Die Kommission bietet für diesen Fall an, aus eigener Initiative oder auf Anfrage des Mitgliedsstaats, das zwischenstaatliche Abkommen vor der Unterschrift auf die Kompatibilität mit dem Unionsrecht zu prüfen (vgl. KOM(2011) 540: 5).

Die Informationen über die zwischenstaatlichen Abkommen sollen zudem das Volumen und die Bezugsquellen für Erdgas offenlegen, damit die Union bei einer Erdgaskrise die Situation besser abschätzen und reagieren kann. Außerdem wird dadurch die Verhandlungsposition der einzelnen Mitgliedsstaaten gegenüber Drittstaaten gestärkt (vgl. KOM(2011) 540: 1 ff.). Es wird dabei angestrebt, dass die Staaten bereits vor den Verhandlungen die Kommission informieren, damit diese die Informationen schnellst möglich an alle Mitgliedsstaaten weiterleiten kann. Der Informationsfluss soll auch während der Verhandlungen gewährleistet werden und die Mitgliedsländer sollen die Möglichkeit erhalten, die Dienststellen der Kommission um Unterstützung zu bitten. Die Erfahrungen sollen dann zu Standardklauseln führen, die jederzeit bei zwischenstaatlichen Abkommen Verwendung finden und dem Unionsrecht entsprechen (vgl. KOM(2011) 540: 4 f.).

Ein Beispiel für den Einfluss der Kommission ist die Verhandlung Polens mit Gazprom. Nachdem zunächst die Kommission Einspruch gegen ein Lieferabkommen, das im Widerspruch zum Unionsrecht stand, eingelegt hatte, wandte sich Polen mit der Bitte um Unterstützung an die Kommission. Daraus resultierte, dass Polen Zugang zur Yamal Pipeline erhielt, die durch Polen nach Deutschland verläuft. Durch den reverse flow mechanism[7] bestand nun die Möglichkeit, diese Pipeline auch für Erdgasimporte aus dem Westen zu nutzen. Damit war Polen nicht länger ausschließlich von Gazprom abhängig (vgl. Buchan 2012: 41). Dieser Erfolg sollte eine weitere Motivation sein, den Vorschlag der Kommission umzusetzen, um die Versorgungssicherheit der gesamten EU zu erhöhen.

---

[7] Es besteht die Möglichkeit, dass das Erdgas in beide Richtungen geleitet werden kann.

4.3 Fallbeispiel: Nabucco Pipeline

Abbildung 6

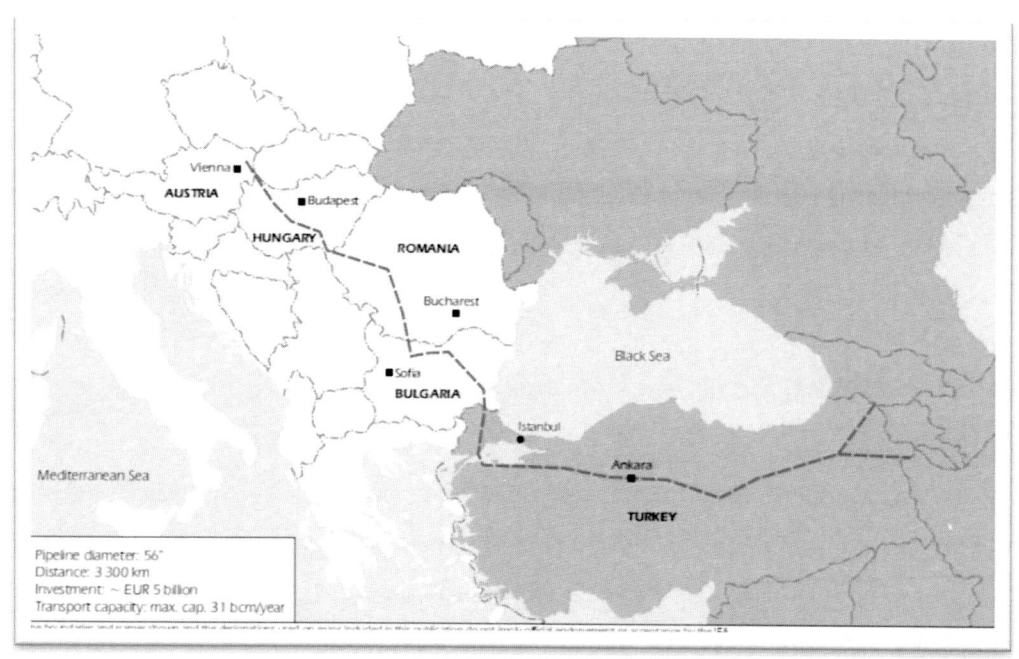

International Energy Agency 2008: 70

Als Beispiel für die Pipelinepolitik der Europäischen Union wird das prominenteste Projekt gewählt: Die Nabucco Pipeline[8]. Das hat den einfachen Grund, dass die Nabucco breit und vielfältig in der Öffentlichkeit diskutiert und als Prestigeobjekt der EU angesehen wird. Konzipiert um den europäischen Energiemarkt mit der kaspischen Region, dem nahen Osten und eventuell auch Ägypten zu verbinden, wird sie auf einer ca. 3000 km langen Strecke durch die Transitstaaten Türkei, Bulgarien, Rumänien, Ungarn verlaufen und schlussendlich im österreichischen Baumgarten an der March enden (vgl. Abbildung 6). Die Pipeline ist damit als vierter großer Versorgungsweg neben der Nordsee, Afrika und Russland gedacht und soll als sogenannter südlicher Korridor die Versorgungssicherheit der EU erhöhen. In der ersten Planung wurde eine Transportkapazität von 31 Mrd. m³ Erdgas genannt.

---

[8] „Die Pipeline hat ihren Namen von der Verdi-Oper, welche die Vertreter des Projektkonsortiums nach Abschluss des ursprünglichen Vertrages im Jahr 2004 besuchten. Die Oper Nabucco [...] ist eine epische Geschichte über Freiheit und Unabhängigkeit." (Pollak 2010: 179)

2004 wurde die Nabucco Pipeline Company von ihren Vertragspartnern[9], die sich aus den Energieunternehmen der beteiligten Staaten zusammensetzen, gegründet. 2008 schloss sich als sechster Partner zusätzlich die deutsche RWE an. Dieser Gründung gingen erste Gespräche und ein Kooperationsvertrag der beteiligten Parteien im Jahr 2002 voraus (vgl. www.nabucco-pipeline.com). 2009 wurde dann ein intergouvernementaler Grundlagenvertrag zwischen der Türkei, Bulgarien, Rumänien, Ungarn und Österreich unterzeichnet. Dadurch sollten alle wichtigen rechtlichen Rahmenbedingungen für den Bau der Nabucco und den Export von Erdgas geregelt werden (vgl. Pressemitteilung IP/09/1114).

Mit der vorerst geplanten Kapazität könnte sie zum heutigen Zeitpunkt ca. 7% des jährlichen Erdgasverbrauchs der Union abdecken. Allerdings war der Baubeginn im Jahr 2010 aufgrund von Unsicherheiten verschiedenster Art nicht umsetzbar. Ein Problem für die Realisierung bestand darin, dass es keine festen Lieferverträge bzw. Lieferabsichten gab (vgl. Pollak 2010: 180). Dieses Problem wurde dahingehend gelöst, dass Aserbaidschan den Vorschlag gemacht hat, sein Erdgas zu liefern, wenn die Nabucco nur bis zur bulgarisch-türkischen Grenze gebaut wird („Nabucco-West"). Dadurch hat Aserbaidschan die Möglichkeit, seine eigenen Pipelinepläne in Form der TANAP[10] zu realisieren. Dies hat einerseits für Aserbaidschan den Vorteil, dass es die Versorgung bis an die EU Grenze kontrollieren kann und anderseits muss die EU nicht mehr mit der Türkei über den Transit verhandeln. Erst kürzlich gab Aserbaidschan für Nabucco-West die vorläufige Zusage für mögliche Erdgaslieferungen (vgl. Kaczmarek 2012; Dolezal 2012).

Der Nabucco ist mit einer Reihe von Hindernissen konfrontiert, die nachführend aufgezeigt und erläutert werden sollen. Dafür wird zunächst die Rolle der Europäischen Union dargestellt und danach die reellen Chancen einer Umsetzung beleuchtet. Abschließend wird auf die Bedeutung der Nabucco für die Energieaußenpolitik der EU eingegangen.

---

[9] OMV (Österreich), FGSZ (Ungarn), Transgaz (Rumänien), Bulgarian Energy Holding (Bulgarien), Botas (Turkei) und später RWE (Deutschland) (www.nabucco-pipeline.com).
[10] Transanatolisches Pipelineprojekt: Ein Pipelineprojekt, dass durch Aserbaidschan initiiert und auch finanziert werden soll. Die Türkei erhält als Transitstaat eine Beteiligung. Damit wäre eine Verbindung von den kaspischen Erdgasfeldern zur Nabucco-West realisierbar (vgl. Socor 2012). Ende Juni 2012 wurde eine Vereinbarung für den Bau dieser Pipeline zwischen Aserbaidschan und der Türkei unterschrieben. (vgl. Kaczmarek 2012).

4.3.1 Die Rolle der Europäischen Union

Die 2004 gegründete Nabucco Gas Pipeline International GmbH (NIC) ist ein unabhängiger Erdgastransportdienstleister und in vollem Eigentum der Nabucco Partner. Sie alleine steht mit den Transportkunden im Kontakt und ist für die Entwicklung, den Bau, den Betrieb und die Vermarktung der Pipeline zuständig (www.nabucco-pipeline.com). Demnach hat die EU keinen direkten Einfluss auf die Entwicklung des Projekts (siehe Kapitel 3), wird aber seit 2008 unterstützend tätig.

In dem EU Aktionsplan für Energieversorgungssicherheit und Solidarität nannte die Union den südlichen Erdgaskorridor im Nahen Osten und in der kaspischen Region als eine von sechs vorrangigen Infrastrukturmaßnahmen (vgl. KOM(2008) 781: 5). Zudem erkannte die EU, dass *„die Entwicklung öffentlich-privater Partnerschaften, die Bereitstellung des notwendigen politischen Rückhalts, ein Versorgungsrahmen und eventuell ein gewisses Maß an Finanzmitteln oder Garantien der öffentlichen Hand sowie andere innovative Formen der Finanzierung"* (KOM(2008) 781: 7) zunehmend an Bedeutung erlangen werden. Daraus zog die EU 2008 die Erkenntnis, erstmals nicht nur als Koordinator aufzutreten und Machbarkeitsstudien durchzuführen, sondern ca. 200 Mio. Euro aus einem Konjunkturpaket in dieses Projekt zu investieren, um die Umsetzung zu beschleunigen (vgl. Wörz 2011: 120).

Ein weiterer Schritt war ein von der EU veranstaltetes Gipfeltreffen aller Partnerländer, auf dem wichtige Maßnahmen und die Interessen der einzelnen Länder besprochen wurden. 2009 wurde zudem ein Regierungsabkommen unterschrieben, dass die rechtlichen Grundlagen für den grenzüberschreitenden Bau der Pipeline festlegte (vgl. Nötzold 2011: 293). Zusätzlich wurde von der Kommission ein Koordinator für den Zeitraum von 2007-2011 ernannt, der das Projekt mit seinen politischen, technischen und finanziellen Problemen überwachen soll. Für Nabucco war dies Jozias van Aartsen aus den Niederlanden (vgl. Nötzold 2011: 291). Im September 2011 machte die EU erstmals von der im Lissabonner Vertrag vorgesehenen Möglichkeit Gebrauch, ein Mandat zur Verhandlung von energiepolitischen Abkommen zwischen der Gemeinschaft und Drittstaaten zu erhalten. Dieses Mandat bezieht sich auf Verhandlungen mit Aserbaidschan und Turkmenistan über den Bau einer unterseeischen Pipeline im kaspischen Meer, welche durch den Anschluss an die Nabucco zusätzliche Erdgaslieferung sichern und damit Planungssicherheit geben könnte (vgl. Pressemitteilung IP/11/1023).

Insgesamt ist also zu erkennen, dass die EU nur beschränkte Möglichkeiten hat, einen Einfluss auf Nabucco zu nehmen. Dies wird besonders im Vergleich zu Russland deutlich, das durch die staatliche Gazprom wesentlich mehr Entscheidungsgewalt auf eigene Pipelineprojekte nehmen kann und dadurch einen Vorteil erlangt.

4.3.2 Chancen einer Umsetzung

Doch wie stehen nun die Chancen für eine erfolgreiche Umsetzung der Nabucco?
Durch die eventuelle Verkürzung der Strecke und die Anbindung an die TANAP hat das Gesamtprojekt nun eine kleinere Dimensionen, d.h. es muss weniger geplant und verhandelt werden (siehe Türkei als Transitstaat). Dies hat zur Folge, dass die finanzielle Belastung merklich zurückgefahren wird. Man könnte also sagen, dass der Bau der Pipeline ein Stück näher gerückt ist.

Bis vor kurzem war das größte Problem das Fehlen von verbindlichen Lieferverträgen. Die bisherigen Planungen verliefen daher ohne die Zusagen der Lieferanten, da diese Verhandlungen parallel zur Konzeption der Nabucco stattfanden. Damit befindet sich die Nabucco in einem Teufelskreis. Ohne Zusagen der Lieferanten lassen sich nur schwer Investoren finden, die dieses Projekt finanziell unterstützen. Ohne allerdings konkrete Bauabsichten zu präsentieren, wollen die Lieferanten auch keine festen Zusagen für ausreichende Erdgaslieferungen tätigen. Trotz alledem kam es kürzlich zu einer vorläufigen Zusage vom aserbaidschanischen Erdgasfeld Shah Deniz II. Diese Zusicherung hat nur für Nabucco-West Bestand und ein endgültiges Übereinkommen wird nicht vor Juni 2013 zu erwarten sein (vgl. Kaczmarek 2012).

Aserbaidschan sagt zunächst zu, acht Mrd. m³ Erdgas zuliefern, womit die Nabucco, die vorerst mit einer Kapazität von 18 Mrd. m³ und später dann mit 31 Mrd. m³ Erdgas gebaut werden soll, nicht ausreichend versorgt werden kann (vgl. Rahr 2011: 120). Die Ursache für dieses Problem sind die multilateralen Zusagen Aserbaidschans. Das Land ist Lieferverpflichtungen für andere Pipelines eingegangen und steht zudem in einer gewissen wirtschaftlichen Abhängigkeit zu seinen Nachbarstaaten und im Besonderen zu Russland. Für Aserbaidschan sind die Handelsbeziehungen zu Russland von großer Bedeutung und das Land ist demnach versucht, Russland nicht zu verärgern, um wirtschaftliche Konsequenzen zu vermeiden. Ähnlich verhält es sich mit dem potentiellen Lieferland Turkmenistan, das durch unterschiedliche Lieferversprechen zu diversen

Abnehmern keine bedeutenden Kapazitäten mehr für die Nabucco zur Verfügung hätte. Deutlich wird hier, dass der russische Einfluss in diesen beiden Ländern von besonderer Bedeutung ist (vgl. Pollak 2010: 180 f.). Diese Einflussnahme Russlands spiegelt sich auch in der Errichtung der bereits erwähnten Pipeline im kaspischen Meer wider. Dort versucht Russland den Bau zu verhindern, um eine Umgehung der eigenen Territorien zu unterbinden. Diese Blockade der Liefermöglichkeiten kann dann zu einer Verlagerung der Erdgaslieferung in den Osten, wie z.B. nach China, führen. Und auch ein weiteres Lieferland, der Irak, in dem die Betreiber der Nabucco einen potentiellen Lieferanten sehen, befindet sich immer noch in einer politisch unsicheren Lage und kann somit mittelfristig nicht als zuverlässige Lösung der Kapazitätsengpässe angesehen werden (vgl. Rahr 2011: 121).

Damit bleibt weiterhin die Frage im Raum: *„Welches Gas soll dann die Nabucco füllen?"* (vgl. Rahr 2011: 120 f.). Eine mögliche Alternative zur Erhöhung der Liefermenge wäre der Transport von Flüssigerdgas per Schiff nach Aserbaidschan, um es dort durch die Anbindung eines LNG Terminals in die TANAP und damit in die Nabucco einzuspeisen. Dies könnte dann, ungeachtet des ungeklärten Status der Pipeline durch das Kaspischen Meer, Aserbaidschan die Möglichkeit geben, genügend Liefermenge zur Verfügung zu stellen (vgl. Wörz 2011: 117).

Ein weiteres Problem besteht in der aktuellen Infrastruktur der Transit- und Lieferstaaten. Trotz erheblicher Erdgasreserven sind viele Anschluss- und Verbindungspipelines noch nicht gebaut worden (vgl. Nötzold 2011: 293). Hinzu kommen noch die finanziellen Probleme der betroffenen EU Mitgliedsstaaten. So hat Bulgarien bereits angekündigt, dass nicht genügend finanzielle Mittel zur Verfügung stehen, um den Bauabschnitt der Nabucco im eigenen Land zu finanzieren. Es müsste dafür eine Unterstützung der Europäischen Investmentbank erfolgen (vgl. Socor 2012).

Der wohl bedeutendste Grund für die Zweifel an einer Umsetzung steht jedoch wieder im Zusammenhang mit Russland und seinen eigenen Pipelineplänen. Das russische Projekt South Stream[11] hat im Gegensatz zu Nabucco bereits eine feste Finanzierung, den politischen Willen der russischen Regierung und letztendlich auch genügend zugesagte Erdgasreserven, um es umsetzen zu können (vgl. Rahr 2011: 120). Daran lässt sich der bereits angesprochene Unterschied zwischen einem Staat wie Russland und einem Staa-

---

[11] Die South Stream Pipeline wurde 2007 präsentiert und stellt eine Pipeline mit ca. 30 Mrd. m³ Transportkapazität dar. Ausgehend vom südlichen Russland soll sie bis Italien und/oder Österreich verlaufen (vgl. Pollak 2010: 181).

tenverbund wie der EU bezüglich der Entscheidungskompetenzen erkennen. In dem Zusammenhang ergibt sich dann noch ein weiteres Problem. Die deutsche RWE, die gegenwärtig zu den Partnern der NIC zählt, hat bereits erste Anzeichen für einen Ausstieg bei Nabucco und einem gleichzeitigen Engagement bei dem South Stream Projekt erkennen lassen (vgl. Rahr 2011: 121). Der Vorteil für das Unternehmen wäre eine Planungs- und Investitionssicherheit, da die Umsetzung der South Stream erheblich weiter fortgeschritten ist. Besonders vor dem Hintergrund immer höherer finanzieller Belastungen durch die Energiewende in Deutschland ein vorstellbarer Schritt, um auch weiterhin stabil im Energiesektor vertreten zu sein.

Auf der anderen Seite, und davon gehen die Experten aus, wird Russland im Laufe der nächsten Jahre wahrscheinlich Teile seiner Großmachtstellung im internationalen Vergleich verlieren. In den letzten Jahren war bereits ein Rückgang der Fördermengen zu erkennen. Russland hat zwar die Möglichkeit, neue Erdgasfelder zu erschließen, allerdings ist dies momentan ein sehr langsamer Prozess (vgl. Pollak 2010: 162 f.). Die Ursache dafür kann in der Geschäftspolitik der staatlichen Gazprom gefunden werden. So wurden in der jüngsten Vergangenheit diverse Übernahmen mit der Konsequenz getätigt, dass nun weiteres Investitionskapital für die Infrastruktur fehlt (vgl. Westphal 2007). Dies könnte dazu führen, dass die EU ihr Ziel, sich langfristig von Russland zu lösen, schneller erreichen kann, als sie es sich vorgestellt hat. Das bedeutet auch, dass der Zeitpunkt für ein eigenes Projekt wie die Nabucco äußerst günstig ist und sich die Realisierungschancen damit erhöht haben.
Zusammenfassend lässt sich demnach erkennen, dass sich die Chancen für die Nabucco zwar verbessert, die Probleme und Hindernisse allerdings weiterhin Bestand haben. Um eine konkrete Aussage treffen zu können, muss wohl die endgültige Zusage Aserbaidschans und anderer potentieller Lieferländer abgewartet werden. Die Zeit bis dahin gibt Konkurrenzprojekten und damit weiteren Hindernissen natürlich die Möglichkeit, sich weiterzuentwickeln und Zweifel an Nabucco aufkommen zu lassen.

4.3.3 Bedeutung für die Energieaußenpolitik

Es stellt sich die Frage der Daseinsberechtigung und der Bedeutung der Nabucco Pipeline für die Energieaußenpolitik. *„Nabucco war immer eher ein politisches Projekt."*

(Rahr 2011: 121). Wie Rahr treffend feststellt, geht es bei dem Projekt nicht alleine um die reine Versorgungssicherheit der Europäischen Union mit Erdgas. Diese wäre auch auf anderen Wegen erreichbar und der Anteil von ca. 7%, den diese Pipeline erreichen würde, ist nicht von enormem Ausmaß. Vielmehr ist die EU daran interessiert, sich von Russland zu lösen und die Staaten Zentralasiens *„aus der russischen Umklammerung"* (Rahr 2011: 120) zu befreien. Es bleibt dabei natürlich die Frage, ob es überhaupt einen Sinn ergibt, sich von Russland mit aller Macht lösen zu wollen?

Die South Stream, ein Projekt ohne Beteiligung der Europäischen Union, würde die EU weiter mit dem eigentlich, so bezeichnet Rahr ihn, vertrauensvollen Partner Russland verbinden, und dabei die problematischen Transitstaaten, die für die Erdgaskrisen mit verantwortlich waren, umgehen (vgl. Rahr 2011: 121). Damit hätte man einen Partner, der in einer Handelsabhängigkeit zur EU steht und auf den Export von Erdgas angewiesen ist. Daher kann Russland nicht daran interessiert sein, die Lieferungen an seinen größten Abnehmer, die Union, zu gefährden. *„Ein Lieferant, der – entgegen der öffentlichen Wahrnehmung- lediglich 25 Prozent des EU-Gasbedarfs deckt, sollte nicht in der Lage sein, ein gut organisiertes Europa wirksam unter Druck zu setzen."* (Geden 2011b). Der Bau der South Stream würde allerdings das endgültige Aus für die Nabucco bedeuten.

Unter den Mitgliedsstaaten gibt es unterschiedliche Auffassungen über den Bau von Nabucco. Deutschland profitiert von der bereits eröffneten North Stream Pipeline[12], die eine direkte Verbindung zu Russland darstellt. Bulgarien, Österreich und Ungarn sehen die Zukunft der Energieversorgung auch bei einer direkten Verbindung zu dem größten Lieferanten Russland und befürworten das South Stream Projekt. Hingegen sind Griechenland, Rumänien und Italien an den kaspischen Erdgasreserven unter Umgehung Russlands und damit dem Bau der Nabucco interessiert (vgl. Pollak 2010: 178).

Doch wo sieht die EU nun die Vorteile der Nabucco Pipeline? Zuerst natürlich in der direkten Verbindung zu den kaspischen Erdgasreserven unter Ausschluss eines Transits über russisches Gebiet und weitere kritische Staaten. Zudem würde der Wettbewerb der regionalen Anbieter gesteigert werden und sich die Erdgasimportkapazität um ca. 7 % erhöhen[13]. Aus strategischer Sicht ergäbe sich langfristig die Chance, weitere Liefer-

---

[12] Die North Stream stellt eine direkte Verbindung zwischen Russland und Deutschland dar und umfasst mittlerweile eine Kapazität von ca. 55 Mrd. m³ (vgl. Nord Stream).
[13] Pollak nennt in dem Zusammenhang noch drei bis vier Prozent. Sieben Prozent ergeben sich allerdings aus den aktuellen Zahlen des Erdgasimports der EU.

staaten wie den Iran oder Irak an dieses Transportnetzwerk anzuschließen. Damit würde sich zukünftig das Einzugsgebiet der EU erheblich vergrößern (vgl. Pollak 2010: 179). Durch die Verkürzung der Nabucco auf Nabucco-West entfallen zudem unangenehme Verhandlungen mit der Türkei. Dort wurde befürchtet, dass die Pipeline als Druckmittel für einen möglichen Beitritt zur EU verwendet werden könnte (vgl. Rahr 2011: 121). Anstelle der Nabucco würde dann die Nabucco West an die TANAP an der türkischen Grenze angeschlossen werden. *„Die Nabucco-Pipeline würde* [...damit] *sowohl im Hinblick auf die Erschließung neuer Lieferregionen als auch zu Demonstration von Handlungs- und Durchsetzungsfähigkeit in der EU-Energiepolitik"* (Nötzold 2011: 292) einen wichtigen Beitrag leisten. Dies bedeutet andersherum aber auch, dass eine gescheiterte Realisierung der Pipeline einer Bankrotterklärung gleich kommen würde. Das wirft die Frage auf, ob sich die EU durch die Beteiligung nicht selbst überschätzt hat. *„Dieser scheinbare Pipeline-Wettlauf bildet den Kern einer Erzählung, die sich in Politik und Medien großer Beliebtheit erfreut, die aber mit den energiewirtschaftlichen Fakten kaum in Einklang zu bringen ist."* (Geden 2011b). Die Versorgungssicherheit mit Erdgas ist seit jeher mit viel Symbolik aufgeladen und wird dementsprechend überspitzt in der Öffentlichkeit diskutiert. Auserkoren als Brückentechnologie für das Zeitalter der Energiewende, verfallen die Bürger in Panik, wenn Russland neue Ankündigen in Bezug auf die Lieferung von Erdgas macht (vgl. Geden 2011a). Dabei nimmt der Import von Erdgas aus Russland bereits seit Jahren ab. Außerdem wird Erdgas in Zukunft weiter an Bedeutung verlieren. Durch die Richtlinien für erneuerbare Energien, die Gebäudesanierungen und den Einsatz von Biogas wird zukünftig weniger Erdgas in der Union verbraucht werden (vgl. Geden 2011a). Damit wird wieder einmal die Sinnhaftigkeit dieses Megaprojektes in Frage gestellt. Denn selbst ohne die Nabucco, so stellt Geden fest, würde es zu keiner Gefährdung der Energieversorgungssicherheit der EU kommen (vgl. Geden 2011c). *„Sollte „Nabucco" tatsächlich nicht gebaut werden, eröffnet dies Europa auch die Chance, sich auf die eigenen Stärken zu besinnen."* (Geden 2011a). Damit geht Geden auf den EU-Energiebinnenmarkt ein, der im nächsten Kapitel ausführlich dargestellt wird. Anhand dessen wird die Beurteilung möglich sein, inwieweit Nabucco ein Zahnrad der Energieaußenpolitik und diese Politik an sich eine Bedeutung für die Energieversorgungssicherheit der Europäischen Union darstellt.

4.4 Bewertung der getroffenen Maßnahmen

Die Abhängigkeiten im Erdgashandel sind immer beidseitig, so dass zu jeder Zeit auch beide Parteien bei einer Krise negativ betroffen wären. Besonders Russland aber auch andere Lieferstaaten sind dementsprechend von dem Marktpotenzial der Union und den Exporten auf diesen Markt abhängig (vgl. Pollak 2010: 149). Wie nun zu erkennen war, bestehen die Bemühungen in der Energieaußenpolitik im Grunde aus drei Maßnahmen: Diversifikation, Partnerschaften und Koordination.

Neue Pipelines haben ganz klar den Vorteil, dass sie eine verlässliche Quelle für Erdgas darstellen, wenn sie erst einmal gebaut worden sind. Damit sollten sie die Verfügbarkeit von Erdgas jederzeit und in ausreichenden Mengen sichern können. Allerdings, wie auch in dem Beispiel der bilateralen Verhandlungen Polens, kann so eine Pipeline mit einem Liefervertrag über mehrere Jahrzehnte nicht unbedingt die günstigste Versorgungsvariante darstellen. Durch die direkte Bindung an den Lieferanten entsteht eine Abhängigkeit zu diesem und es kann sich kein Wettbewerb entwickeln. Die Diversifikation durch neue Pipelines, besonders der Bau der Nabucco, scheint zudem in der EU nicht unumstritten zu sein. Die unterschiedlichen Meinungen der Mitgliedsstaaten zeigen, dass nicht alle Staaten bereit sind, dieses Projekt auch wirklich zu unterstützen. Hinzu kommen noch die Probleme in der Planung und Realisierung. Nabucco würde zwar zur Versorgungssicherheit beitragen, allerdings auch nur mit ca. 7% des Gesamtverbrauchs der EU. Sehr problematisch sind deshalb die noch nicht garantierten Zusagen für Erdgaslieferungen, die teilweise in einem Zusammenhang mit der Abhängigkeit der Lieferländer zu Russland stehen. Zudem erschweren die Infrastrukturprobleme der Mitglieds- und Transitstaaten weiterhin eine Umsetzung, da somit auch hier keine ausreichende und dauerhafte Versorgung mit Erdgas garantiert werden kann.
Das größte Problem könnte jedoch die South Stream werden. Mit dem Bau dieser Pipeline wäre zwar keine Diversifikation der Lieferungen erreicht, aber durch die Umgehung des kritischen Transitstaates Ukraine wäre eine dauerhafte und ausreichende Versorgungssicherheit denkbar. Da diese allerdings unter russischer Kontrolle stehen würde, lässt sich daran zweifeln, ob die Preise marktgerecht und damit angemessen wären. Zudem bleibt die Frage, ob neue Pipelines, egal ob Nabucco oder South Stream, für die Diversifikation überhaupt noch notwendig sind und ob sich der enorme finanzielle und zeitliche Aufwand lohnt. Denn, so stellt Rahr fest, eine Diversifikation der Erdgasquel-

len für die EU ist längst erfolgreich gelungen. Es gibt Erdgaslieferungen aus Nordafrika, Schiefergas aus den USA und die Möglichkeit von Flüssiggaslieferungen aus dem Persischen Golf, Amerika und Australien. (vgl. Rahr 2011: 120 f.). *„Most of the investment would not be in new gas pipelines, but in storage, LNG Terminals, and reverse flow capacity"* (Buchan 2012: 8). Einzig die vermehrte Umstellung auf LNG macht im Bereich der Diversifikation einen Sinn, da diese Lieferungen frei gehandelt und damit immer zum bestmöglichen Preis auf den Markt kommen würden. Zudem würde LNG in Zukunft, unter der Voraussetzung der notwendigen Infrastruktur, genügend Erdgas zu jedem Zeitpunkt liefern können, und somit zur Versorgungssicherheit in erheblichem Maße beitragen. Daher sollten sich die Bemühungen, neue Quellen zu erschließen, hauptsächlich auf den Flüssigerdgassektor beziehen. Außerdem führt LNG nicht zu langfristigen Lieferverträgen und jahrzehntelanger Abhängigkeit durch die leistungsgebundenen Lieferungen und wäre damit ein zukunftsorientiertes Instrument der Energiepolitik.

Die EU ist in allen Abkommen bemüht, den lokalen Markt zu stärken, die Infrastruktur auszubauen und Sicherheit zu schaffen. Durch die Energiecharta soll die Anbindung des Fernen Ostens und Nordafrika an die EU vollzogen werden und dafür Sorge tragen, dass jederzeit Erdgas in die EU geliefert werden kann. Die Sicherstellung des Transits und die Einhaltung der Handelsbestimmungen der GATT sind daher wichtige Punkte der Energiecharta. Doch besonders der zweite Punkt stößt bei einigen Mitgliedern der Energiecharta auf Widerstand, da sich nicht alle Länder dem marktwirtschaftlichen System unterwerfen wollen. Prominentestes Beispiel hierfür ist Russland. Zudem gibt es keine Garantien, dass dieses Instrument auch greift. *„Schließlich können Verbraucher keinen generellen Anspruch auf wirtschaftliche Zusammenarbeit und Rohstofflieferungen geltend machen"* (Nötzold 2011: 308). Dies gilt insbesondere, wenn ein Teil dieser Lieferstaaten in einem gewissen Maße unter dem wirtschaftlichen Druck Russlands oder anderer Nationen steht. Und dass Russland ohnehin nicht gewillt ist, zu einem marktwirtschaftlichen Prinzip bekehrt zu werden, lässt sich aus dem Scheitern der Energiecharta ableiten. Durch die Nicht-Ratifizierung Russlands und dem zusätzlichen Fernbleiben Norwegens und der USA wurde ersichtlich, dass die Ansätze, die in den 1990er Jahren gefasst wurden, nicht funktioniert haben.
Die Energiegemeinschaften spielen aufgrund ihrer nicht allzu relevanten Mitgliedsstaaten keine große Rolle für die Versorgungssicherheit der EU. Einzig die Ukraine ist nen-

nenswert, da ca. 20% der Erdgasimporte durch dieses Land geleitet werden. Die EU hat technische und finanzielle Unterstützung für die Modernisierung der Erdgasinfrastruktur in dem Land bereitgestellt und wird damit tatsächlich auch aktiv, um die Versorgung mit Erdgas sicherzustellen. Die Infrastrukturmaßnahmen, die im Rahmen der Energiegemeinschaften vollzogen werden sollen, erscheinen auf den ersten Blick sinnvoll, doch mit einer finanziellen Ausstattung von nur drei Mio. Euro werden sie geradezu lächerlich. Die Europäische Nachbarschaftspolitik hat hingegen als oberstes Ziel, die beteiligten Staaten aktiv an den EU Energiebinnenmarkt heranzuführen. Sie betreibt damit durchaus eine sinnvolle Wirtschaftsförderung in diesen Ländern. Dabei stellt sich allerdings die Frage, inwieweit es realistisch ist, Staaten wie Libyen, Weißrussland oder Russland die Regeln des europäischen Binnenmarktes „aufzuerlegen". Diesen Versuch kann man mittelfristig als nicht umsetzbar ansehen. Dies ließ sich bereits an der nicht-Ratifizierung der Energiecharta Russlands erkennen. Vielmehr sollte sich die EU auch hier auf die finanzielle Unterstützung der Speicherkapazitäten und der Infrastruktur beschränken.

Mit den regionalen Kooperationen reagiert die EU nun auf das Versagen der Energiecharta und versucht die Märkte dieser Gemeinschaft näher an die EU heranzuführen (vgl. Westphal 2007). Diese Kooperationen haben einen Haushalt von über drei Mrd. Euro, mit denen die im Rahmen dieser Abkommen geplanten Infrastrukturmaßnahmen durchaus realisiert werden könnten. Damit ist diese Form der Partnerschaft die, die das meiste Potenzial mit sich bringt, wirklich etwas für die Versorgungssicherheit zu leisten. Zudem stellte sie eine weitere Abkehr, die auch durch die sinkenden Importzahlen zu erkennen ist, zu Russland her.

Den aussichtsreichsten Ansatz sieht man allerdings in der Koordination der mitgliedsstaatlichen Abkommen. Es lässt sich erkennen, dass das unterschiedliche Verhalten der Mitgliedsstaaten durch gewachsene Lieferbeziehungen, die geographische Lage und den Energiemix geprägt ist. Dem will die EU mit der Koordinierung der Abkommen mit Drittstaaten entgegenwirken und zu einem kollektiven Handeln verhelfen. Durch die momentane Haltung der Staaten wird nämlich immer noch eine Energieaußenpolitik auf dem kleinsten gemeinsamen Nenner vollzogen (vgl. Wörz 2011: 108). Da außerdem auf absehbare Zeit nicht damit zu rechnen ist, dass die Staaten ihre Souveränität in der Energiepolitik aufgeben werden, ist dies der einzige Ansatz, um dennoch eine gewisse Gemeinsamkeit im Handeln zu erreichen. Die EU kann dadurch zukünftig als großer

Akteur und potentieller Einkäufer am Markt auftreten, um auf der Nachfrageseite z.B. durch Sammeleinkäufe so viel Druck auf die Lieferanten aufzubauen, dass diese nicht vermeiden können, die EU zu beliefern. Dadurch erhalten einerseits die Produzenten eine Investitionssicherheit und andererseits würde es für den Konsumenten die Versorgungssicherheit erhöhen. Durch diese beiden Faktoren wäre eventuell sogar der Bau der Nabucco Pipeline aus finanzieller Sicht wieder vorstellbar. Die Kommission geht der Möglichkeit unter dem Arbeitstitel „Caspian Development Corporation" bereits nach. Durch die bilateralen Abkommen in Verbindung mit einem funktionierenden Binnenmarkt sollte jederzeit genügend Erdgas in der EU zur Verfügung stehen. Zudem würde damit auch die bestmögliche Diversifikation erreicht werden, da jeder Staat mit dem Partner ein Abkommen eingeht, der z.B. geographisch nahe gelegen ist, beispielsweise Spanien in dem Fall mit den nordafrikanischen Staaten oder Deutschland mit Russland.

5 EU-Energiebinnenmarkt

„Die Vollendung des Binnenmarktes im Energiebereich erfordert den Abbau zahlreicher Handelsschranken und -hemmnisse, eine Angleichung in der Steuer- und Preispolitik sowie Anpassungen von Normen und Standards, Umweltvorschriften und Sicherheitsauflagen. Es soll ein gut funktionierender Markt geschaffen werden, der durch einen gerechten Marktzugang und ein hohes Verbraucherschutzniveau sowie ausreichende Verbund- und Erzeugungskapazitäten gekennzeichnet ist." (Teusch und Balazs 2011)

Nicht nur die Energieaußenpolitik der Europäischen Union kann etwas für die Versorgungssicherheit der EU leisten, sondern auch durch den Binnenmarkt wurden diverse Maßnahmen und Instrumente geschaffen, um für eine Sicherheit der Versorgung mit Energie zu sorgen. Die Europäische Kommission veröffentlichte im Jahr 2007 einen Bericht über den Fortschritt des Europäischen Energiebinnenmarkts. In dieser Mitteilung kam sie jedoch zu dem Ergebnis, dass die Integration noch weit hinter den Zielen der Europäischen Union zurückliegt. Im Detail spricht die Kommission davon, dass die Marktkonzentration immer noch anhaltend hoch ist und auf diese Weise eine Marktmacht der Unternehmen ausgeübt werden kann. Die etablierten Erdgasunternehmen kontrollieren weiterhin die Erdgaseinfuhr und/oder auch die Erdgasproduktion. Weiterhin stellte sie fest, dass es immer noch zu vertikalen Integrationen kommt, die einerseits den Netzzugang Dritter erschweren, andererseits aber auch wenig Anreiz für Investitionen liefern. Grenzüberschreitende Verkäufe üben noch keinen Wettbewerbsdruck aus und nur in wenigen Fällen treten Unternehmen in anderen nationalen Märkten als Wettbewerber auf. Aufgrund von langfristigen und schon lange bestehenden Verträgen für den Erdgasimport per Pipeline, die nicht mehr den gängigen Vorschriften des Netzzuganges entsprechen, haben Drittanbieter kaum Möglichkeiten, Transportkapazitäten zu nutzen und damit auf dem Markt Präsenz zu zeigen. Hinzu kommt, dass Kapazitätserhöhungen im Pipelinenetz zumeist nur von den etablierten Unternehmen genutzt werden können. Im Bereich der Transparenz zeigen sich noch große Lücken bei den zuverlässigen und zeitnahen Marktinformationen. Den Unternehmen fehlen Daten über die Netznutzung oder Erzeugungskapazitäten. Das gleiche Problem gilt auch für die Preisbildung, die effektiver und transparenter erfolgen sollte, um ein höheres Vertrauen bei den Verbrauchern zu schaffen (vgl. KOM(2006) 851). Da sich diese Situation bis zum Jahr 2011 in vielen Bereichen nicht verbessert hatte, forderte der Europäische Rat in einer Zusammenfassung die Intensivierung der Anstrengungen. Dafür legte er einen Zeitraum bis 2014 fest (vgl. Generalsekretariat des Rates 2011: 2).

Damit gibt es augenscheinlich viele Probleme und Hindernisse für einen europäischen Energiebinnenmarkt. Nachfolgend werden die wichtigsten Instrumente in den Fokus gestellt, mit denen die Union teilweise schon seit den 1990er Jahren versucht, den Binnenmarkt zu vollenden und diese Defizite zu reduzieren. Von besonderer Bedeutung sind dabei die drei Legislativpakete der Europäischen Union.

5.1 Instrumente des Energiebinnenmarkts

Um einen gemeinsamen Energiebinnenmarkt zu erreichen, gab es in den letzen 25 Jahren durchaus immer wieder neue und überarbeitete Richtlinien. Bereits 1987 wurden in der Einheitlichen Europäischen Akte die ersten Deregulierungsmaßnahmen verfasst. Allerdings scheiterten diese bzw. deren Umsetzung wurde durch die nationalen Energieunternehmen und einzelnen Mitgliedsstaaten erschwert. Besonders die Öffnung der Netze für Drittanbieter stieß dabei auf heftigen Widerstand (vgl. Pollack 2010: 78 ff.). Anfang der 1990 Jahre wurden dann zwei Richtlinien erlassen, die quasi als Voraussetzung für einen funktionierenden Energiebinnenmarkt gesehen wurden. 1990 wurde die

Richtlinie 90/377/EWG verabschiedet, die für eine bessere Transparenz bei den Energiepreisen sorgen sollte. 1991 folgte dann die stark diskutierte Richtlinie für den Transit von Erdgas 91/296/EWG. Weitere Vorschläge zur Marktintegration wurden aber zu dem Zeitpunkt beinahe von allen Mitgliedsstaaten abgelehnt (vgl. Pollak 2010: 116). Aufbauend auf diese Entwicklung formulierte die Europäische Kommission in den nächsten zwei Jahrzehnten drei aufeinanderfolgende Legislativpakete mit unterschiedlichen Instrumenten. Themen wie Regulierung der Energiemärkte und Entflechtung der Unternehmen waren dabei durchgehend präsent. Von Bedeutung gewannen jedoch auch Inhalte wie transeuropäische Energienetze, Solidarität und Krisenreaktionsmechanismen. Diese Instrumente sollen nun direkt oder auch indirekt für eine bessere Versorgungssicherheit sorgen.

5.1.1 Regulierung auf europäischer Ebene

Regulierungsbehörden wurden geschaffen, um den Wettbewerb auf dem Markt zu sichern und diesen dementsprechend zu kontrollieren. Allerdings unterschieden sich die nationalen Behörden aufgrund von mangelnden Vorlagen in ihrem Aufbau, ihrer Unabhängigkeit und der Praxis. 2003 wurden die nationalen Regulierungsbehörden von der EU dazu aufgefordert, einen echten Wettbewerb und das Funktionieren des Erdgasmarktes sicherzustellen. Die Mitgliedsstaaten mussten dazu gewährleisten, dass die Regulierungsbehörden unabhängig, unparteiisch und transparent arbeiten können. Zudem sind sie rechtlich und funktionell von anderen Einrichtungen zu trennen und ihr Management muss frei von Marktinteressen und Regierungseinflüssen handeln (vgl. RL 2009/73 EG Art. 39).

Um die Regulierung auf europäischer Ebene besser zu strukturieren, wurde bereits im Jahr 2000 der Rat der Europäischen Energieregulierungsbehörden gegründet (CEER), dem heute alle 27 Mitgliedsstaaten sowie Norwegen und Island zugehörig sind und der als Basis für die Zusammenarbeit untereinander aber auch mit der Europäischen Kommission dient. CEER kooperiert eng mit der Agentur für die Zusammenarbeit der Energieregulierungsbehörden (ACER) (vgl. European Energy Regulators 2012). Die Gründung von ACER geht auf die Verordnung Nr. 713/2009 zurück und sie soll die nationalen Regulierungsbehörden der Mitgliedsstaaten bei den Regulierungsaufgaben auf Gemeinschaftsebene unterstützen und die Maßnahmen der einzelnen Behörden miteinander koordinieren (vgl. Verordnung 713/2009 Art. 1). Die ACER übernahm zudem die Arbeit der ERGEG[14], da sich deren Aufgaben glichen und erhielt zugleich stärkere Befugnisse für die Umsetzung ihrer Tätigkeiten. Grund der Übernahme war die Ansicht der Europäischen Kommission, nach der die ERGEG die Weiterentwicklung des Energiebinnenmarktes nicht entscheidend genug voran gebracht hatte (vgl. KOM (2007) 532). ACER soll in Zusammenarbeit mit der Kommission und den nationalen Regulierungsbehörden die Endkundenpreise, den Netzzugang und die Verbraucherrechte auf dem Erdgasmarkt überwachen und die Ergebnisse jährlich veröffentlichen, um so Hindernisse in der Vollendung des Energiebinnenmarktes erkenntlich zu machen und Maßnahmen dagegen zu entwickeln (vgl. Verordnung 713/2009 Art. 11). Zu den weiteren Aufgaben gehören die Stellungnahmen zu gemeinschaftsweiten Netzentwicklungsplänen und die Ausarbeitung der Rahmenleitlinien für die Netzkodizes, d.h. Anwendungsvorschriften für die Netzbetreiber und Erzeuger (vgl. Verordnung 713/2009 Art. 6).

Im Rahmen der grenzüberschreitenden Zusammenarbeit der Netzbetreiber wurde 2009 zudem der Verbund der Gasübertragungs- und Fernleitungsnetzbetreiber (ENTSO-Gas) gegründet. Dieser soll eng mit der ACER zusammenarbeiten und beispielsweise Netzkodizes oder Empfehlungen über die technische Zusammenarbeit der Mitgliedsstaaten mit Drittstaaten entwickeln. Darin enthalten sind Regeln für die Sicherheit, den Datenaustausch, die Transparenz und harmonisierte Entgeltstrukturen. Zudem gibt ENTSO-Gas Empfehlungen für die Zusammenarbeit der EU mit den Erdgasunternehmen (vgl. Verordnung 715/2009).

2006 wurde unter der ERGEG das Projekt der regionalen Initiativen gestartet, das mittlerweile von der ACER fortgesetzt wird. Diese Initiativen gelten als Zwischenschritt zur Schaffung eines gemeinsamen Europäischen Energiebinnenmarkts. Die Idee ist, dass mehrere Mitgliedsstaaten und deren Regulierungsbehörden als eine Region zusammenarbeiten, so dass sich insgesamt drei Regionen[15] ergeben. Innerhalb dieser Regionen

---

[14] European Regulators' Group for Electricity and Gas

[15]
- Region Süd: Frankreich, Spanien, Portugal
- Region Süd-Süd-Ost: Österreich, Bulgarien, Tschechische Republik, Griechenland, Ungarn, Italien, Polen, Rumänien, Slowakei, Slowenien
- Region Nord-West: Niederlande, Belgien, Frankreich, Irland, Vereinigtes Königreich, Deutschland, Dänemark, Schweden, Norwegen (vgl. Pressemitteilung IP/10/1672)

werden dann Lösungen erarbeitet, die die nationalen Energiemärkte in einen EU-weiten Binnenmarkt integrieren sollen (vgl. European Energy Regulators 2012). Durch die regionalen Initiativen sollen die Umsetzung der Legislativpakete und der Netzkodizes beschleunigt und die Wettbewerbsfähigkeit verbessert werden. Dabei übernimmt ACER die Überwachung und die Koordinierung (vgl. Pressemitteilung IP/10/1672).

Bereits 1999 wurde von der Europäischen Kommission das Madrid Forum geschaffen, in dem sich ein bis zweimal jährlich relevante Akteure der Regulierungsbehörden, der Mitgliedsstaaten, der Kommission, der Übertragungs- und Netzsysteme, der Erdgaslieferanten und -händler und der Verbraucher zusammenkommen. Dort werden Themen, die die Schaffung eines integrierten Erdgasbinnenmarkts betreffen, diskutiert. Das momentan wichtigste Thema ist der grenzübergreifende Handel mit Erdgas. Dies beinhaltet die Tarifstrukturen, die Zuweisung und das Management von knappen Verbindungskapazitäten an den Grenzen (Interkonnektivität) (vgl. Europäische Kommission 2012 b). Mit diesem Forums soll es ermöglicht werden, die unterschiedlichen Akteure zu einem Konsens zu bewegen, der die Schaffung eines Binnenmarktes weiter vorantreibt.

Schlussendlich gibt es im Bereich der Energieversorgungssicherheit seit jeher Bedenken über die Beteiligung von Drittstaaten am europäischen Energiebinnenmarkt. Im dritten Legislativpaket wurden die nationalen Regulierungsbehörden dementsprechend gestärkt, sodass diese für die Zulassung von Unternehmen aus Drittstaaten zuständig gemacht wurden. Sie können nun den Netzbetreibern von Erdgas den Zugang verwehren, wenn diese nicht den Anforderungen der Entflechtung nachgekommen sind oder wenn die Versorgungssicherheit eines Mitgliedsstaates bzw. der Europäischen Union gefährdet ist. Allerdings muss die nationale Regulierungsbehörde vor einem Beschluss eine Stellungnahme der Kommission einholen und diese möglichst in die Entscheidung einfließen lassen (vgl. RL 2009/73/EG Art. 11). Mit dieser Regulierung sollen besonders die Unternehmen kontrolliert werden, die aufgrund ihrer Größe (z.B. Gazprom) die Möglichkeit haben, erhebliche Anteile an der Erdgasversorgung der EU zu erlangen und damit die Versorgungssicherheit zu beeinträchtigen (vgl. Pollak 2010: 124).

5.1.2 Krisenreaktionsmechanismen

Krisenreaktionsmechanismen umfassen nicht nur die Risikobewertung und Erstellung der erforderlichen Notfallpläne und Maßnahmen für den Ernstfall. Vielmehr sind auch Maßnahmen wie die Bevorratung von Erdgas und die Solidarität zwischen den Mitgliedsstaaten unter diesem Begriff einzuordnen.

Um für den Ernstfall einer Versorgungsstörung vorbereitet zu sein, wurde mit der Richtlinie 2004/67/EG und mit der darauffolgenden Verordnung EU 994/2010 eine Koordinierungsgruppe Erdgas eingerichtet. *„Diese Gruppe setzt sich aus Vertretern der Mitgliedstaaten, insbesondere ihrer zuständigen Behörden, sowie der Agentur, des ENTSO (Gas) sowie der Interessenverbände der Erdgasindustrie und der betreffenden Verbraucherverbände zusammen"* (Verordnung EU 994/2010 Art. 12). Ziel dieser Einrichtung besteht darin, einen Informationsfluss zwischen den beteiligten Akteuren zu gewährleisten und damit die Festlegung von gemeinsamen Maßnahmen zu ermöglichen. Die Verordnung EU 994/2010 sieht zudem vor, dass die Mitgliedsstaaten alle zwei Jahre eine Risikobewertung durchführen müssen, um mögliche Risiken der Erdgasversorgung aufzudecken. Dabei soll die Infrastruktur genauso betrachtet werden wie nationale und regionale Gegebenheiten und Interaktionen mit anderen Mitgliedsländern (vgl. Verordnung EU 994/2010 Art. 9). Darauf aufbauend sollen dann Präventions- und Notfallpläne erstellt werden, die einerseits Maßnahmen zur Vermeidung von Risiken enthalten und andererseits die Folgen einer Versorgungsstörung eindämmen sollen (vgl. Verordnung EU 994/2010 Art. 4). Sollte ein Notfall eintreten, unterstützt die Koordinierungsgruppe Erdgas die Mitgliedsstaaten zudem in der Bewältigung der akuten Krise (vgl. Verordnung EU 994/2010 Art. 12).

Anders, und zwar noch nicht so fortgeschritten, sieht die Situation bei der Bevorratung von Erdgas aus. Da die Speicherung von Erdgas vielfach komplizierter und teurer ist als bei Erdöl, sieht die EU von einer Pflicht zur Bevorratung momentan noch ab (vgl. Nötzold 2011: 250 f.). Zumeist wird diese, wenn überhaupt, von den Energieunternehmen übernommen. Es wird geschätzt, dass die EU 2008 eine Speicherkapazität von ca. 40% der jährlichen Erdgasimporte besaß und diese auf 14 Mitgliedsstaaten verteilt waren. Damit wird auch ersichtlich, dass es nicht in jedem Land die gleiche Möglichkeit der Speicherung gibt. Dennoch wären mit dieser Kapazität die meisten Lieferunterbrechungen zu kompensieren. Da es jedoch an der nötigen Infrastruktur, wie z.B. der Interkonnektion zwischen den einzelnen Netzen fehlt, kann dieses Potential nicht optimal genutzt werden und es kommt zu Ausfällen wie in der Erdgaskrise 2009 (vgl. Pollak 2010: 161 f.). Zudem stellt die fehlende Koordinierung der Vorräte ein weiteres großes Problem für die Union dar. Es mangelt an einem Verfahren, damit effizient Entscheidungen getroffen werden können, um in einem Versorgungsnotfall zu reagieren. Dabei wäre eine Zusammenarbeit auf dieser Ebene ein sehr gutes Beispiel für die Solidarität der Mitgliedsstaaten im Versorgungsnotfall (vgl. Baumann 2008: 2). Da dies allerdings noch nicht der Fall ist, wurde dieses Thema 2008 in den Aktionsplan für Energieversorgungssicherheit und Solidarität aufgenommen (vgl. Nötzold 2011: 252).

Die Solidarität zwischen den Mitgliedsstaaten wurde im Vertrag von Lissabon nochmals explizit erwähnt. Dabei sollten die stärkere Koordinierung der einzelstaatlichen Maßnahmen und die Berücksichtigung der nationalen Beschlüsse für die Versorgungssicherheit und deren Auswirkung auf andere Mitgliedsstaaten in den Fokus rücken (vgl. Baumann 2008: 4). Damit ist z.B. auch gemeint, dass gemeinsame Bestimmungen und Sicherheitsnormen der Netzbetreiber über die Landesgrenzen hinweg entwickelt werden sollen, da diese zu einer engeren Vernetzung der einzelnen Märkte führen werden. Dies wiederum wäre dann vorteilhaft für Solidaritätsmaßnahmen, wie die gemeinsame Nutzung der Erdgasspeicher oder die Anwendung des reverse flow mechanism zur Durchleitung von Erdgas in unterversorgte Regionen der EU (vgl. Nötzold 2011: 229 f.).

5.1.3 Entflechtung der Erdgasunternehmen

Die Entflechtung der Erdgasunternehmen war nicht erst im dritten Legislativpaket von Bedeutung, sondern wurde bereits in den beiden vorangegangenen Paketen thematisiert. Aufgrund mangelnder Umsetzung kam dieses Thema jedoch wieder auf die Agenda der Kommission und wurde zu einem integralen Bestandteil des dritten Legislativpaketes. So kann der diskriminierungsfreie Netzzugang immer noch als eine der größten Herausforderungen für einen funktionierenden Binnenmarkt angesehen werden.

Laut Europäischer Union ist ein Erdgasunternehmen dann vertikal integriert, wenn es *„mindestens eine der Funktionen Fernleitung, Verteilung, LNG oder Speicherung und mindestens eine der Funktionen Gewinnung oder Lieferung von Erdgas wahrnimmt"* (RL 2009/73/EG Art. 2). Einerseits kann ein Netzbetreiber also unangemessen hohe Netzzugangsentgelte verlangen, da der Betreiber der Pipeline zugleich auch der Erdgaslieferant ist und somit auf die direkte Konkurrenz um das Erdgasgeschäft trifft. Andererseits hätte der Netzinhaber auch die Möglichkeit, die gewünschten Kapazitäten zur Einspeisung von Erdgas zu verweigern oder zu reduzieren (vgl. Geden und Fischer 2008: 73). Der Grund für die Entflechtung der Unternehmen war also die monopolartige Stellung der Unternehmen, die noch aus einer Zeit vor der Liberalisierung bestand hatte. Damals wurde der Verzicht auf einen Wettbewerb damit begründet, dass die Versorgung mit Erdgas ein „natürliches Monopol" sei, d.h. dass die Kosten für die Leitungen und die Versorgung zu hoch seien und es daher wirtschaftlich sinnvoller sei, sie von einem einzigen Unternehmen anbieten zu lassen (vgl. von Koppenfels 2010: 78). Als Folge der Verflechtung von Unternehmen wurde aber ersichtlich, dass die *„Netze als strategische Güter im Dienste der Interessen des integrierten Unternehmens, [und] nicht des Netzkunden"* (von Koppenfels 2010: 83) angesehen wurden. Erste Versuche, die Entflechtung von Unternehmen zu erreichen, gab es daher bereits Ende der 1990 Jahre mit der Richtlinie 98/30/EG. Dort wurden die Entflechtung der Energieunternehmen (vgl. RL 98/30/EG Art. 12 und 13) und die Transparenz bei der Buchführung (vgl. RL 98/30/EG Art. 12 und 13) der Energieunternehmen gefordert. Darauf inhaltlich basierend wurde im zweiten Legislativpaket die Richtlinie 2003/55/EG formuliert. Sie ging allerdings noch nicht so weit, dass sie eine eigentumsrechtliche Trennung forderte, sondern bezog sich einzig auf die buchhalterische Entflechtung, d.h. dass Erdgasunternehmen zur Vermeidung von Diskriminierung und Wettbewerbsverzerrungen getrennte Konten für ihre Tätigkeiten in den Bereichen der Fernleitung, Verteilung, LNG und Speicherung in ihrer internen Rechnungslegung führen mussten (vgl. RL 2003/55/EG Art. 16 und 17).

In einer Folgeabschätzung wurde dann belegt, dass die Preise für Erdgas in Mitgliedsstaaten, die bereits durch nationale Gesetzgebung zur Entflechtung gezwungen waren, deutlich weniger angestiegen waren als in Staaten, in denen die Unternehmen noch vertikal organisiert waren (vgl. von Koppenfels 2010: 82 f.). Die Kommission war daraufhin der Meinung, dass Unternehmen, die mit der Erzeugung, Beschaffung und dem Vertrieb von Erdgas beschäftigt sind, keine Kontrolle über die Übertragungs- bzw. Fernleitungsnetze erhalten dürfen und formulierte das dritte und momentan aktuelle Legislativpaket (vgl. RL 2009/73/EG Art. 9). Es gab einige Mitgliedsstaaten wie die Niederlande, Großbritannien oder Spanien, die so eine Entflechtung begrüßten. Deren Erdgasmärkte waren bereits entflochten und diese Staaten machten sich deshalb Gedanken über die Wettbewerbsfähigkeit ihrer nunmehr kleineren Energieunternehmen (vgl. Buchan 2010: 362). Trotzdem kam es zu langen Diskussion, aus denen drei konkrete Entflechtungsmodelle für diese Richtlinie entwickelt wurden: 1) die eigentumsrechtliche Entflechtung; 2) der unabhängige Netzbetrieb; 3) unabhängige Übertragungsnetzbetreiber.

Die eigentumsrechtlichte Entflechtung sollte per Gesetz festlegen, welcher Tätigkeit das jeweilige Unternehmen nachkommen möchte, d.h. entweder Vertrieb von Erdgas oder den Betrieb der Übertragungsnetze. Erreicht werden sollte dies z.B. durch den Verkauf oder einen Aktiensplit der jeweils anderen Tätigkeiten des Unternehmens (vgl. von Koppenfels 2010: 84). Der unabhängige Netzbetrieb beschreibt eine Möglichkeit, bei der das Unternehmen im Besitz des Übertragungsnetzes bleibt, Betrieb und Ausbau des Netzes jedoch an einen unabhängigen Betreiber übergeben werden, der weder vom Eigentümer kontrolliert werden, noch an dem Unternehmen beteiligt sein darf, das mit dem Vertrieb von Erdgas beschäftig ist (vgl. von Koppenfels 2010: 85 f.).

Da sich allerdings einige Mitgliedsstaaten, darunter auch Frankreich und Deutschland, gegen beide Entflechtungsmodelle aussprachen, wurde noch eine dritte Variante mit in die Richtlinie aufgenommen. Dieses Modell sieht die Errichtung unabhängiger Übertragungsnetzbetreiber und die Beibehaltung der integrierten Erdgasunternehmen vor. Die Unternehmen sollen lediglich gewisse Regeln wie z.B. unternehmerische Autonomie, Nichtdiskriminierung usw. einhalten (vgl. Pollak 2010: 122). Im Detail bedeutet dies, dass die Regulierungsbehörden ein Vetorecht bei der Bestellung der Vorstandsmitglieder erhalten, dass dem Netzbetreiber das Eigentum am Netz erhalten bleiben muss und dass es Regelungen gibt, die die Unabhängigkeit der Netzbetreiber bei Investitionsplanungen und der Zusammenarbeit mit anderen Netzbetreibern garantieren (vgl. von Koppenfels 2010: 87). Die Kommission konnte in der Vergangenheit einzelne Unternehmen immer wieder zum Verkauf von Unternehmensteilen bewegen und dadurch die Entflechtung vorantreiben. Allerdings handelt es sich dabei bis heute nur um Einzelfälle (vgl. Pollak 2010: 123). Unterstützung erhält die Kommission in ihren Bemühungen durch das EU Wettbewerbsrecht.

5.1.4 Transeuropäische Energienetze

Im Grünbuch von 2008 hob die Kommission hervor, dass die transeuropäischen Netze *„als Instrument für die leichtere Verwirklichung wichtiger EU-Vorhaben, [...] im Dienste der Ziele der Versorgungssicherheit, […] stehen"* (Grünbuch KOM(2008) 782) und demnach effizient gestaltet werden müssen. Daher muss gewährleistet werden, dass ein grenzüberschreitendes und funktionierendes Erdgasnetz geschaffen wird, damit bei lokalen Störungen und Lieferausfällen, wie im Streitfall der Ukraine mit Russland im Frühjahr 2009, Erdgas aus anderen, nicht betroffenen Teilen der EU transportiert werden kann. Um den Verbund der einzelnen mitgliedsstaatlichen Erdgasinfrastrukturen zu gewährleisten und dadurch zu einem einheitlichen Verteilernetzwerk zu gelangen, hat die EU bereits im Vertrag von Maastricht den Artikel 154 aufgenommen, der nachfolgend im Vertrag von Lissabon als Artikel 170 wiederzufinden ist. Demnach soll die Union zum Auf- und Ausbau von transeuropäischen Energienetzen beitragen und die Interoperalität und Interkonnektion der Netze fördern (vgl. Artikel 170 AEUV und Art. 194 AEUV).

Die russisch-ukrainische Erdgaskrise veranlasste die EU dazu, 2010 die neue Verordnung EU Nr. 994/2010 zu erarbeiten, um die bereits bestehenden Richtlinien zu ersetzen. Demnach müssen die Mitgliedsstaaten den n-1[16] Standard sicherstellen, so dass eine Nachfrage nach Erdgas zu jeder Zeit bedient werden kann. Es wird dazu eine europaweite Methodik eingeführt, die ermitteln kann, ob dieser Standard in bestimmten Gebieten eingehalten wird. Zudem müssen die Netzbetreiber gewährleisten, dass an den zentralen Grenzkuppelstellen das Erdgas jeweils in beide Richtungen fließen kann. Somit soll sichergestellt werden, dass das Erdgas in alle Regionen der EU geleitet werden kann (vgl. Verordnung EU Nr. 994/2010 Art. 6). In einer weiteren Mitteilung der Kommission im Jahr 2010 wird von der EU zudem ein schnelleres und transparenteres Genehmigungsverfahren für zukünftige Infrastrukturprojekte gefordert. Dies soll z.B. durch eine Kontaktbehörde geschehen, die bei Projekten von europäischem Interesse als Schnittstelle zwischen allen Akteuren fungieren soll (vgl. KOM(2010) 677 S.15 ff.).

2011 wurden dann erstmals auch finanzielle Mittel für den Ausbau der transeuropäischen Energienetze im Haushalt erwähnt. Der Vorschlag sieht 9,1 Mrd. Euro für den Energiesektor vor, wobei davon auszugehen ist, dass ein Großteil der Summe in den Elektrizitätssektor und nicht in den Erdgassektor fließen wird (vgl. KOM(2011) 500 S.15 ff.). Zu den wichtigen geförderten Projekten gehören dabei der Ostseeverbundplan und der Nord-Süd-Gasverbund, wodurch sogenannte Energieinseln innerhalb der EU an

---

[16] *„Mit der n-1-Formel wird die technische Fähigkeit einer Gasinfrastruktur zur Deckung der gesamten Gasnachfrage in einem berechneten Gebiet bei Ausfall der größten einzelnen Gasinfrastruktur während eines Tages mit außergewöhnlich hoher Gasnachfrage beschrieben, wie sie mit statistischer Wahrscheinlichkeit einmal in 20 Jahren auftritt"* (Verordnung EU Nr. 994/2010 Anhang 1).

das europäische Erdgasnetz angebunden werden sollen. Dazu werden speziell die baltischen Staaten, aber auch Polen und Finnland, die im erhöhten Maß von der Union abgeschnitten sind, durch neue Transportwege an das Pipelinenetzwerk angeschlossen. Das Gleiche gilt für den Nord-Süd-Gasverbund, bei dem Staaten Mittel- und Südeuropas durch neue Pipelines miteinander verbunden werden sollen. Ziel ist der Zugriff auf die europaweiten Erdgasreserven im Fall einer Lieferunterbrechung (vgl. Kraemer 2011: 171 f.). Diese Maßnahmen werden sich besonders bei den baltischen Staaten, die momentan noch zu 100% von Russland abhängig sind, bemerkbar machen. Damit haben die großen Erdgaslieferanten kein Druckmittel mehr und können keine überhöhten Preise fordern (vgl. Buchan 2012: 41 f.).

Zu guter Letzt sind auch bei den transeuropäischen Energienetzen die bereits erwähnten regionalen Initiativen von großer Bedeutung. *„Die regionalen Initiativen spielen bei der Schaffung eines wirklich integrierten Binnenmarkts eine Schlüsselrolle, da sie eine enge Zusammenarbeit auch im Infrastrukturbereich begünstigen"* (Pressemitteilung IP/10/1672). Dadurch soll der Ausbau der grenzüberschreitenden Infrastruktur beschleunigt und somit schneller die Hindernisse für einen Binnenmarkt überwunden werden.

5.1.5 Entry-Exit-System

Abschließend hat die Kommission ein System für den Handel mit Erdgas entwickelt, das die bereits vorgestellten Instrumente bündeln und dadurch eine erhöhte Flexibilität des Erdgasmarkts erreichen soll. Dies fördert zudem die Schaffung eines Spotmarkts, der die Möglichkeit gibt, kurzfristig an Erdgas zu gelangen. Das sogenannte Entry-Exit-System basiert auf der Entflechtung der Energieunternehmen in Produzent und Netzbetreiber. Vom Prinzip her bucht der Erdgashändler eine gewisse Einspeisekapazität, um sein Erdgas zum Verkauf anzubieten. Der Abnehmer kann dann unabhängig vom Herkunftsort des Erdgases die benötigten Ausspeisekapazitäten an einem beliebigen Entnahmepunkt in diesem System kaufen und entnehmen. Dadurch entwickelt sich das Transportnetzwerk zu einem virtuellen Marktplatz für Erdgas. Zudem würde der Neueintritt für weitere Händler erleichtert werden, da jeder auf die Infrastruktur zugreifen könnte. Dies kann solange durchgeführt werden, bis die Kapazitätsgrenze der Infrastruktur erreicht ist (vgl. Janssen 2006: 29 f.). In dem Fall wäre die EU gefordert, zumindest die transeuropäischen Netze weiter zu entwickeln und auszubauen, um dem

Engpass entgegenzuwirken. Im dritten Legislativpaket für einen Energiebinnenmarkt wurde zudem festgelegt, dass die Tarife für jeden Einspeise- oder Ausspeisepunkt getrennt voneinander festgelegt werden müssen. Damit würde die Bindung der Transportkosten an den Transportpfad, d.h. die zurückgelegte Strecke bis zum Konsumenten, entfallen (vgl. Verordnung 715/2009 Art. 13). Dieses System würde für alle an den europäischen Energiebinnenmarkt angeschlossenen Erdgaspipelines funktionieren.

5.2 Bewertung der getroffenen Maßnahmen

Durch die europaweit einheitliche Regulierung werden vor allem die Interessen der Verbraucher gestärkt. Durch die Netzkodizes und die Regeln für den Netzzugang wurde mehr Wettbewerb ermöglicht. In Kombination mit dem Fokus auf die Endkundenpreise ist es daher möglich, Erdgas zu einem angemessenen Preis anzubieten. Die regionalen Initiativen sind ein logischer Zwischenschritt hin zu einem Binnenmarkt. Innerhalb der Region kann der Wettbewerb gestärkt werden und die unterschiedlichen Netzkodizes können angeglichen werden. Dies ist besonders im Hinblick auf eine gemeinsam funktionierende Infrastruktur von Bedeutung. Das Madrid Forum beschäftigt sich momentan mit dem grenzübergreifenden Handel. Durch die Maßnahmen, die dort gefasst werden, sollen Engpässe abgebaut und eine durchgehende und ständige Erdgasversorgung erreicht werden. Dadurch wird sogar die Diversifikation gestärkt, auch wenn es auf den ersten Blick nicht auffällt. Dabei wird diesmal nicht auf unterschiedliche Drittstaaten zurückgegriffen, sondern jeder Mitgliedsstaat hat die Möglichkeit, in einem ausgebauten Binnenmarkt sein Erdgas aus einem der anderen 26 Mitgliedsländer zu beziehen. Dies führt dann wiederum zu einer erhöhten Sicherheit der eigenen Versorgung. Durch die ENTSO-G wurde es zudem ermöglicht, Drittstaaten technisch und mit diversen Regeln an den europäischen Erdgasmarkt anzubinden. Unternehmen aus diesen Drittstaaten kann der Zugang zum europäischen Markt aber verwehrt werden, wenn diese, wie im Fall der Gazprom, eine Gefährdung der Versorgungssicherheit darstellen. Es macht den Eindruck, dass mit diesen Maßnahmen klare Regeln formuliert wurden, wie die EU sich den Binnenmarkt vorstellt, wie dieser zu funktionieren hat und was erlaubt und was nicht erlaubt ist.

Hinzu kommen die Bemühungen zur Entflechtung der Erdgasunternehmen. Diese Maßnahmen haben zum Ziel, einem Unternehmen die Möglichkeit zu nehmen, das Erdgasgeschäft vom Verkauf bis über die Lieferung zu kontrollieren und damit eine zu hohe Marktmacht auszuüben. Damit zielen sie vor allem auf die Preisgestaltung durch einen fairen Wettbewerb ab und sollen angemessene Preise für die Endkunden erreichen. Durch diese Preise soll es dann möglich sein, dass sich jeder das Erdgas in den für ihn benötigten Mengen liefern lassen kann.

Unterstützt werden diese Maßnahmen durch die Krisenreaktionsmechanismen. Ein Teil davon besteht in der Risikoanalyse der Erdgasversorgung. Damit sollen Risiken, wie sie bereits in Kapitel 2 angesprochen wurden, aufgedeckt und Maßnahmen dagegen entwickelt werden. Damit werden ganz klar Störfälle schon im Vorfeld beseitigt und eine dauerhafte Energieversorgung bestmöglich bereit gestellt. Ein weiteres Instrumentarium ist die Bevorratung von Erdgas. Allerdings ist dieser Mechanismus noch nicht weit genug entwickelt worden, so dass diese Mengen nicht schnell genug und sinnvoll innerhalb der EU verteilt werden können. Dazu fehlt momentan noch die Koordinierung der Speichermengen und die nötige Infrastruktur, die eine EU-weite Verteilung zulassen könnte. Die Kommission sollte sich trotz der Kosten für eine Bevorratungsrichtlinie einsetzen. Die gespeicherte Menge müsste in dem Fall nicht unbedingt erhöht werden, allerdings muss die Koordinierungsfähigkeit erheblich gesteigert werden. Damit würde die Bevorratung eine durchaus wichtige Rolle in der Versorgungssicherheit einnehmen, da damit für einen sehr langen Zeitraum die Versorgung der EU mit Erdgas sichergestellt werden könnte. All die bis jetzt genannten Instrumente erhalten eine Aufwertung durch den Solidaritätsgedanken, der im Vertrag von Lissabon festgehalten wurde. Damit soll die Unterstützung der Mitgliedsstaaten untereinander sichergestellt werden. D.h. dass z.B. Erdgasvorräte nicht mehr national sind, sondern der gesamten EU zustehen. Außerdem würden einheitliche Regeln die Bewältigung von Krisen schneller möglich machen.

Hinter diesen Regeln und Maßnahmen steht die Infrastruktur der EU. Funktionierende und kompatible transeuropäische Erdgasleitungen sind ein wichtiger Baustein für die Versorgungssicherheit der EU. Durch ein intaktes Netzwerk kann die Versorgung einzelner Regionen der Union jederzeit und mit ausreichenden Mengen garantiert werden. Ermöglicht wird dies, da zu jedem Zeitpunkt auf die gesamten Erdgasreserven im Netz der EU zurückgegriffen werden kann. Hätte dies bereits 2009 funktioniert, wäre die Erdgaskrise in Europa nicht zu spüren gewesen. Es war zu jeder Zeit genügend Erdgas vorhanden, nur die Ausgleichslieferungen in die betroffenen Regionen waren nicht möglich (vgl. Dröge, Geden, Westphal 2009: 7). Sichergestellt werden soll dies durch den n-1 Standard und den reverse flow mechanism. Durch den Ostseeverbundplan und den Nord-Süd-Verbund werden die Energieinseln in den Binnenmarkt integriert, sodass diese Regionen einen erheblichen Fortschritt für ihre Versorgungssicherheit erzielen. Besonders die baltischen Staaten werden nun die Möglichkeiten eines Marktes und Wettbewerb erfahren und demnach Veränderungen in der Preisgestaltung erleben. Hier sollte es dann möglich werden, dass die Endkunden Erdgas zu einem angemessen und nicht mehr von Russland diktierten Preis erhalten werden. Die Regionalen Initiativen spielen, wie bereits erwähnt, auch hier eine Rolle. Durch die Annäherungen der verschiedenen nationalen Erdgasnetze wird es zukünftig möglich sein, Erdgas schneller dorthin zu leiten, wo es benötigt wird, ohne dass es an den Grenzkuppelstellen zu Engpässen kommen kann. Eine Weiterentwicklung der Infrastruktur und bisher getroffenen Maßnahmen wäre das Entry-Exit System. Die Umsetzung würde alle Basiskriterien der Versorgungssicherheit ansprechen. Durch die unabhängige Einspeisung und Entnahme gibt es keine Bindungen mehr an einen Lieferanten. Dadurch fällt einerseits die Abhängigkeit weg, aber andererseits wären auch marktregulierte Preise durch den erhöhten Wettbewerb möglich. Die ständige Versorgung mit Erdgas würde nur durch die Kapazitätsgrenze der Netze beschränkt werden. Daher müsste die Infrastruktur innerhalb der EU weiter ausgebaut werden, um so eine höhere Kapazität zu erreichen. Durch die Möglichkeit, dass theoretisch jedes Unternehmen in dieses Netzwerk einspeisen kann, kann es zu einem Wettbewerb kommen und zeitgleich erfolgt auch eine Diversifikation der Bezugsquellen.

6 Innen oder Außen – Welche Politikausrichtung erhöht die Versorgungssicherheit?

Sorgen die Maßnahmen des Energiebinnenmarkts für eine verbesserte Versorgungssicherheit der Europäischen Union oder sollte der Fokus stärker auf die EU-Energieaußenpolitik gesetzt werden?

Diese eingangs gestellte Frage lässt sich, wie vielleicht zu erahnen war, nicht einfach mit einem klaren Für oder Wider beantworten. Es gibt aber eine erkennbare Tendenz, der die Europäische Union folgen muss, um auch zukünftig eine Versorgungssicherheit mit Erdgas gewährleisten zu können. Daher ist durchaus eine Energieaußenpolitik notwendig, alleine aus dem Grund, dass die EU nicht genügend Rohstoffe auf dem eigenen Territorium besitzt. Aber dabei sollte sie sich auf die Koordination der Energieaußenpolitik der Mitgliedsstaaten beschränken, da diese ihre Souveränität wahrscheinlich nicht an die EU abgeben werden. Mit dieser Maßnahme hat die EU damit eine Chance, ihr Auftreten nach außen einheitlicher zu gestalten. Sie wäre jederzeit über die vertraglich geregelten Mengen informiert und könnte bereits langfristig Versorgungsengpässe vorhersehen. Durch die angestrebte Solidarität könnten die Mitgliedsstaaten, die über genügend Erdgasimporte verfügen, andere Staaten kurzfristig mitversorgen und die Kommission kann dort aufgrund ihrer Informationen bestmöglich koordinierend eingreifen. Die angestrebten Diversifikationsbemühungen durch neue Pipelineprojekte hingegen sollten aus mehreren Gründen eingestellt werden. Zunächst gibt es bereits eine breite Diversifikation an Liefermöglichkeiten. Damit müssen keine weiteren, in der Realisierung unsicheren Projekte wie die Nabucco angestrebt werden. Zudem war in dem nachgezeichneten Szenario (siehe Kapitel 3.2) zu erkennen, dass der Erdgasverbrauch in den nächsten Jahrzehnten, um in der Zeitrechnung einer Pipeline zu bleiben, rückläufig sein wird. Dies wird nicht nur durch die Energiewende erreicht werden, sondern auch durch Innovationen in der Energieerzeugung. Letztendlich sollte sich die EU, sofern sie noch um Diversifikation bemüht ist, um die Erschließung neuer Flüssigerdgaslieferanten bemühen. Diese Variante hat vielzählige Vorteile und kann damit das Erdgas liefern, das als Brückentechnologie in der Energiewende benötigt wird.

Weitere Maßnahmen wie die Partnerschaftsabkommen und die Heranführung fremder Märkte an den Binnenmarkt erscheinen hingegen nicht zielführend. Der integrierte Energiebinnenmarkt konnte immer noch nicht vollendet werden und eine vollständige Umsetzung der Maßnahmen wird nicht vor 2014 erwartet. Daher fehlt es an der Legitimation und auch an der politischen Glaubwürdigkeit der Union, diese noch nicht vollständig funktionierenden Maßnahmen und Regeln auf andere Drittstaatmärkte exportieren zu wollen. Einzig die finanzielle Unterstützung zur Aufrechterhaltung der bereits bestehenden Infrastruktur erscheint im Rahmen der Abkommen sinnvoll, da damit weiterhin die Versorgung auf bereits bestehenden Wegen gesichert wird.

Vielmehr sollte die Union sich auf den eigenen Binnenmarkt konzentrieren. Wie die Kommission bereits feststellte, ist dieser der Ausgangspunkt für alle Bestrebungen hin zu einer Versorgungssicherheit. Nicht nur, wie von ihr angesprochen, als Basis für die Energieaußenpolitik, wird der Binnenmarkt zukünftig verantwortlich für die Versorgungssicherheit der EU sein. Denn was nützt der Import von Erdgas, wenn es vor Ort nicht in die Region geleitet werden kann, in der es benötigt wird. Das beste Beispiel dafür ist die Erdgaskrise 2009, bei der genügend Erdgas in der EU verfügbar war, aber nicht in die unterversorgten Gebiete geführt werden konnte. Viele der beschlossenen Maßnahmen wurden bereits umgesetzt oder sollen, so kann man es sich nur wünschen, in den nächsten Jahren umgesetzt werden. Dabei sind besonders die Krisenreaktionsmechanismen hervorzuheben. Die Solidarität zwischen den Staaten muss gestärkt werden, sodass Instrumente wie die Bevorratung optimal genutzt werden können. Diese Bemühungen müssen zudem durch Infrastrukturmaßnahmen wie den Bau von Pipelines innerhalb der EU begleitet werden. Damit würde die EU eine Basis für einen Erdgasmarkt schaffen, der vollständig integriert sein wird und demnach jedem die Möglichkeit bieten kann, sich zu einem angemessenen Preis und mit der benötigten Menge zu versorgen.

7 Literaturverzeichnis

Artikel und Aufsätze

Baumann, Florian (2008): Energiesolidarität als Instrument der Versorgungssicherheit. In: CAP Aktuell September 2006 Nr. 6. URL: http://www.cap.lmu.de/download/ 2008/CAP-Aktuell-2008-06.pdf (letzter Zugriff 20.09.2012)

Buchan, David (2010): Energy Policy - Sharp Challenges and Rising Ambitions. In: Wallace, Helen / Pollack, Mark A. / Young, Alasdair R. (Hg.): Policy-making in the European Union. 6. Aufl. Oxford u.a.: Oxford Univ. Press, S. 358-379.

Buchan, David (2011): Expanding the European dimension in energy policy: the Commission's latest initiatives. http://www.oxfordenergy.org/wpcms/wp-content/uploads/2011/10/SP_23.pdf Oxford: Oxford Institute for Energy Studies.

Dickel, Ralf / Westphal, Kirsten (2012): EU-Russland-Gasbeziehungen. In: SWP-Aktuell 30 Mai 2012. URL: http://www.swp-berlin.org/ fileadmin/contents/products/aktuell/2012A30_dickel_wep.pdf (letzter Zugriff 20.09.2012)

Dolezal, Christian (2012): Gaspipelines als europäische Schlüsselprojekte. In: Euractiv Aktuell vom 31.05.2012 Ressourcen und Umwelt. URL: http://www.euractiv.de/ressourcen-und-umwelt/analysen/gaspipelines-als-europaische-schlsselprojekte-006365 (letzter Zugriff 15.08.2012)

Dröge, Susanne / Geden, Oliver / Westphal, Kirsten (2009): Internationale Energie- und Klimapolitik. In: SWP-Aktuell 59 November 2009. URL: http://www.swp-berlin.org/fileadmin/contents/products/aktuell/2009A59_dge_gdn_wep_ks.pdf (letzter Zugriff 30.09.2012)

Geden, Oliver (2011a): Keine Angst, wenn Russland am Gashahn dreht. In: Hamburger Abendblatt vom 21.07.2011. URL: http://www.abendblatt.de/hamburg/article1964088/Keine-Angst-wenn-Russland-am-Gashahn-dreht.html (letzter Zugriff 15.09.2012)

Geden, Oliver (2011b): Auslaufmodell Erdgas. In: Süddeutsche Zeitung vom 23.11.2011. URL: http://www.swp-berlin.org/fileadmin/contents/products/ medienbeitraege/Auslaufmodell_Erdgas_SZ_KS.pdf (letzter Zugriff 15.09.2012)

Geden, Oliver (2011c): Nabucco - symbolisch überhöht. In: Die Presse.com vom 18.10.2011. URL: http://diepresse.com/home/meinung/gastkommentar/701846/Nabucco-symbolisch-ueberhoeht (letzter Zugriff 15.09.2012)

Haghighi, Sanam S. (2008): Energy Security and the Division of Competences between the European Community and its Member States. In: European Law Journal 14, Heft 4, S. 461-482.

International Energy Agency (2008): IEA Energy Policies Review - The European Union. URL: http://www.iea.org/textbase/nppdf/free/2008/EU2008.pdf (letzter Zugriff 20.09.2012)

Kaczmarek, Michael (2012): Shah Deniz II: Zuschlag für "Nabucco West". In: Euractiv Aktuell vom 28.06.2012 Energie und Klimaschutz. URL: http://www.euractiv.de/energie-und-klimaschutz/artikel/shah-deniz-ii-zuschlag-fr-nabucco-west-006468 (letzter Zugriff 01.10.2012)

Kopatz, Michael / Spitzer, Markus / Christanell, Anja (2010): Energiearmut. In: Wuppertal Institut für Klima, Umwelt, Energie. Nr. 184 Oktober 2010. URL: http://www.wupperinst.org/uploads/tx_wibeitrag/WP184.pdf (letzter Zugriff 02.10.2012)

Koppenfels, Ulrich (2010): Mehr Wettbewerb durch wirksame Entflechtung der Strom- und Gasversorgungsnetze. In: Dratwa, Friederike Anna et al. (Hg.): Energiewirtschaft in Europa. Springer Berlin Heidelberg, S. 77-89.

Leinen, Jo (2009): Energieaußenpolitik für Europa. In: Zeitschrift für Außen- und Sicherheitspolitik 2, Heft 4, S. 427-436.

Rahr, Alexander (2011): Vergesst Nabucco! In: Internationale Politik. September/Oktober 2011, S. 120-121.

Reichert, Götz / Voßwinkel, Jan S. (2009): Sichere Erdgasversorgung. URL: http://www.cep.eu/fileadmin/user_upload/Kurzanalysen/Sicherheit_der_Erdgasversorgung/CEP-Studie_Erdgasversorgungssicherheit.pdf (letzter Zugriff 02.09.2012)

Reichert, Götz / Voßwinkel, Jan S. (2011): Energieinfrastruktur. URL: http://www.cep.eu/fileadmin/user_upload/Kurzanalysen/Energieinfrastruktur/KA_Energieinfrastruktur.pdf (letzter Zugriff 02.09.2012)

Socor, Vladimir (2012) Nabucco-West in Synergy with Trans-Anatolia Project. In: The Jamestown Foundation. Eurasia Daily Monitor Volume: 9 Issue: 90 URL: http://www.jamestown.org/single/?no_cache=1&tx_ttnews%5Bswords%5D=8fd5893941d69d0be3f378576261ae3e&tx_ttnews%5Bany_of_the_words%5D=nabucco-west&tx_ttnews%5Btt_news%5D=39364&tx_ttnews%5BbackPid%5D=7&cHash=585e8ea9a4611d49669e67b413ba2704 (letzter Zugriff 04.09.2012)

Tiemann, Heinrich (2010): Energieaußenpolitik im Rahmen der Europäischen Union. In: Dratwa, Friederike Anna et al. (Hg.): Energiewirtschaft in Europa. Springer Berlin Heidelberg, S. 143-149.

Westphal, Kirsten (2007): Liberalisiert, monopolisiert, fixiert. Antinomien des Energiemarktes in Europa. In Osteuropa 2-3, Heft Inklusion, Exklusion, Illusion. Konturen Europas: Die EU und ihre Nachbarn, S. 241-256.

Wörz, Markus (2011): 10 Minuten Energieaußenpolitik: Zentrale Herausforderungen. In: Kästner, Thomas / Kießling, Andreas / Riemer, Gerrit (Hg.): Energie in 60 Minuten. Wiesbaden: VS Verlag für Sozialwissenschaften, S. 99-126.

Monographien

Bild, Matthias (2011): Das Ziel der Versorgungssicherheit im Gasbereich: Rechtsgrundlagen, Schwerpunkte und die Umsetzung im 3. Legislativpaket zum Energiebinnenmarkt im Gasbereich. Hamburg: Diplomica Verlag.

Böske, Johannes (2007): Zur Ökonomie der Versorgungssicherheit in der Energiewirtschaft. Berlin: Lit Verlag.

Geden, Oliver / Fischer, Severin (2008): Die Energie- und Klimapolitik der Europäischen Union. Bestandsaufnahme und Perspektiven. Baden-Baden: Nomos.

Janssen, Matthias (2006): Entry-Exit-Modelle im Erdgastransport und ihre Weiterentwicklung in Deutschland Diplomarbeit im Fach Energie- und Ressourcenökonomik. Diplomarbeit. Münster: Westfälische Wilhelms-Universität.

Krämer, Luis-Martín (2011): Die Energiesicherheit Europas in Bezug auf Erdgas und die Auswirkungen einer Kartellbildung im Gassektor. Köln: Wirtschafts- und Sozialwissenschaftlichen Fakultät der Universität zu Köln.

Nötzold, Antje (2011): Die Energiepolitik der EU und der VR China: Handlungsempfehlungen zur europäischen Versorgungssicherheit. Wiesbaden: VS Verlag für Sozialwissenschaften.

Pollak, Johannes / Schubert, Samuel R. / Slominski, Peter (2010): Die Energiepolitik der EU. Wien: Facultas Verl (= Utb).

Rechtsakte und Verträge der EU

Beschluss des Rates 2006/500/EG vom 29. Mai 2006 über den Abschluss des Vertrags zur Gründung der Energiegemeinschaft durch die Europäische Gemeinschaft

Commission staff working document SEC(2009) 978 vom 16.07.2009 Assessment Report of Directive 2004/67/EC on secrurity of gas supply

Energy Charter. URL: http://www.encharter.org/index.php?id=7 (letzter Zugriff 12.07.2012)

Europäische Energiecharta. URL: http://europa.eu/legislation_summaries/energy/external_dimension_enlargement/l27028_de.htm (letzter Zugriff 12.07.2012)

Europäische Kommission (2006): Generaldirektion Energie und Transport: Baku Initiative.
http://ec.europa.eu/dgs/energy_transport/international/regional/caspian/energy_en.htm (letzter Zugriff 14.07.2012)

Europäische Kommission (2012a): Generaldirektion Energie. URL: http://ec.europa.eu/dgs/energy/mission_de.htm (letzter Zugriff 17.09.2012)

Europäische Kommission (2012b): Madrid Forum für Gasregulierung. URL: http://ec.europa.eu/energy/gas_electricity/gas/forum_gas_madrid_en.htm (letzter Zugriff 10.07.2012)

Europäische Kommission (2012c): Generaldirektion Energie: Bilateral cooperation Turkey. URL: http://ec.europa.eu/energy/international/bilateral_cooperation/turkey _en.htm (letzter Zugriff 20.07.2012)

Europäische Kommission (2012d): Generaldirektion Energie: Bilateral cooperation Ukraine. URL: http://ec.europa.eu/energy/international/bilateral_cooperation/ukraine _en.htm (letzter Zugriff 20.07.2012)

Europäische Kommission (2012e): Generaldirektion Energie: Bilateral cooperation Norway. URL: http://ec.europa.eu/energy/international/bilateral_cooperation/ norway_en.htm (letzter Zugriff 20.07.2012)

Europäische Kommission (2012f): Generaldirektion Energie: EU-Russia Energy Relations. URL: http://ec.europa.eu/energy/international/russia/russia_en.htm (letzter Zugriff 20.07.2012)

Europäischer Auswärtiger Dienst (2012): URL: http://www.eeas.europa.eu/euromed/ index_de.htm (letzter Zugriff 16.07.2012)

European Union External Action (2012): EU-Ukraine: Partners for securing gas to Europe. URL: http://eeas.europa.eu/energy/eu_ukraine_en.htm (letzter Zugriff 13.07.2012)

Europäisches Parlament (2012): Ausschuss für Industrie, Forschung und Energie. URL: http://www.europarl.europa.eu/committees/de/itre/home.html (letzter Zugriff 17.09.2012)

Generalsekretariats des Rates (2011): Tagung des Europäischen Rates 4. Februar 2011 Schlussfolgerungen.

Generalsekretärin der Europäischen Kommission (2011): Arbeitsdokument der Kommissionsdienststellen – Energieinfrastruktur: Investitionsbedarf und -lücken.

Grünbuch KOM(2000) 768 vom 29.11.2000 Hin zu einer europäischen Strategie für Energieversorgungssicherheit

Grünbuch KOM(2006) 105 vom 08.03.2006 Eine europäische Strategie für nachhaltige, wettbewerbsfähige und sichere Energie

Grünbuch KOM(2008) 782 vom 13.11.2008 Hin zu einem sicheren, nachhaltigen und wettbewerbsfähigen europäischen Energienetz

Konsolidierte Fassung des Vertrags über die Arbeitsweise der Europäische Union (AEUV) vom 09.05.2008

Konsolidierte Fassung des Vertrags über die Europäische Union (EUV) vom 09.05.2008

Mitteilung der Kommission KOM(2004) 373 vom 12.05.2004 Europäische Nachbarschaftspolitik - Strategiepapier

Mitteilung der Kommission KOM(2006) 851 vom 10.01.2007 Untersuchung der europäischen Gas- und Elektrizitätssektoren gemäß Artikel 17 der Verordnung (EG) Nr. 1/2003 (Abschlußbericht)

Mitteilung der Kommission KOM(2007) 160 vom 11.04.2007 Die Schwarzmeersynergie - Eine neue Initiative der regionalen Zusammenarbeit

Mitteilung der Kommission KOM(2008) 781 vom 13.11.2008 Zweite Überprüfung der Energiestrategie EU-Aktionsplan für Energieversorgungssicherheit und -Solidarität

Mitteilung der Kommission KOM(2010) 677 vom 17.11.2010 Energieinfrastrukturprioritäten bis 2020 und danach - ein Konzept für ein integriertes europäisches Energienetz

Mitteilung der Kommission KOM(2011) 500 vom 29.06.2011 Ein Haushalt für "Europe 2020"

Mitteilung der Kommission KOM(2011) 539 vom 07.09.2011 zur Energieversorgungssicherheit und internationalen Zusammenarbeit – „Die EU-Energiepolitik: Entwicklung der Beziehungen zu Partnern außerhalb der EU"

Pressemitteilung IP/07/1945 vom 17.12.2007 EU-Kommissar Piebalgs gibt Startschuss für neue Energiepartnerschaft in der Region Europa-Mittelmeer

Pressemitteilung IP/09/1114 vom 10.07.2009 President Barroso and Commissioner Piebalgs welcome the signature of the Nabucco Intergovernmental Agreement

Pressemitteilung IP/10/1672 vom 07.12.2010 Energie: Europäische Kommission für verstärkte regionale Zusammenarbeit

Pressemitteilung IP/11/1023 vom 12.09.2011 EU starts negotiations on Caspian pipeline to bring gas to Europe

Pressemitteilung IP/11/1223 vom 21.10.2011 Energiegemeinschaft – 5 Jahre regionale Zusammenarbeit

Rat der Europäischen Union (2007): Schlussfolgerung des Vorsitzes 8./9.März.2007. URL: http://www.consilium.europa.eu/uedocs/cms_data/docs/pressdata/de/ec/93139.pdf (letzter Zugriff 28.07.2012)

Rat der Europäischen Union (2012): Verkehr, Telekommunikation und Energie. URL: http://www.consilium.europa.eu/policies/council-configurations/transport,-telecommunications-and-energy?lang=de (letzter Zugriff 17.09.2012)

Richtlinie 98/30/EG des Europäischen Parlaments und des Rates vom 22. Juni 1998 betreffend gemeinsame Vorschriften für den Erdgasbinnenmarkt

Richtlinie 2003/55/EG des Europäischen Parlaments und des Rates vom 26. Juni 2003 über gemeinsame Vorschriften für den Erdgasbinnenmarkt und zur Aufhebung der Richtlinie 98/30/EG

Richtlinie 2009/28/EG des Europäischen Parlaments und des Rates vom 23. April 2009 zur Förderung der Nutzung von Energie aus erneuerbaren Quellen und zur Änderung und anschließenden Aufhebung der Richtlinien 2001/77/EG und 2003/30/EG

Richtlinie 2009/73/EG des Europäischen Parlaments und des Rates vom 13. Juli 2009 über gemeinsame Vorschriften für den Erdgasbinnenmarkt und zur Aufhebung der Richtlinie 2003/55/EG

Verordnung (EG) Nr. 1775/2005 des Europäischen Parlaments und des Rates vom 28. September 2005 über die Bedingungen für den Zugang zu den Erdgasfernleitungsnetzen

Verordnung (EG) Nr. 713/2009 des Europäischen Parlaments und des Rates vom 13. Juli 2009 zur Gründung einer Agentur für die Zusammenarbeit der Energieregulierungsbehörden

Verordnung (EG) Nr. 715/2009 des Europäischen Parlaments und des Rates vom 13.Juli 2009 über die Bedingungen für den Zugang zu den Erdgasfernleitungsnetzen und zur Aufhebung der Verordnung (EG) Nr. 1775/2005

Verordnung (EU) Nr. 994/2010 des Europäischen Parlaments und des Rates vom 20. Oktober 2010 über Maßnahmen zur Gewährleistung der sicheren Erdgasversorgung und zur Aufhebung der Richtlinie 2004/67/EG des Rates

Vorschlag der Kommission KOM(2007) 532 für eine Verordnung zur Änderung der Verordnung (EG) Nr. 1775/2005 über die Bedingungen für den Zugang zu den Erdgasfernleitungsnetzen

Vorschlag der Kommission KOM(2011) 540 vom 07.09.2011 zur Einrichtung eines Mechanismus für den Informationsaustausch über zwischenstaatliche Abkommen zwischen Mitgliedstaaten und Drittstaaten im Energiebereich

Webseiten

Auswärtiges Amt (2007): Die EU und Zentralasien: Strategie für eine neue Partnerschaft. URL: http://www.auswaertiges-amt.de/cae/servlet/contentblob/347892/publicationFile/ 3096/Zentralasien-

Strategie-Text-D.pdf;jsessionid= 9DC66E3C6ED2595C4869EBDD38863F2D (letzter Zugriff 14.07.2012)

Böske, Johannes (2006): Versorgungssicherheit. URL: http://www.wiwi.uni-muenster.de/vwt/Veranstaltungen/Ausgewaehlte_Kapitel_der_Energiewirtschaft/folien2.pdf (letzter Zugriff 01.09.2012)

British Petroleum (2012): BP Statistical Review of World Energy June 2012. URL: http://www.bp.com/sectionbodycopy.do?categoryId=9037132&contentId=7069049#/Natural-Gas/Choose-your-own-data/?chartView=mapChart&regionID=none&countryID=none (letzter Zugriff 15.07.2012)

Bundesanstalt für Geowissenschaften und Rohstoffe. URL: http://www.bgr.bund.de/DE/Themen/Energie/Erdgas/erdgas_node.html (letzter Zugriff 19.09.2012)

European Energy Regulators. URL: http://www.energy-regulators.eu/portal/page/portal/EER_HOME (letzter Zugriff 15.07.2012)

Eurostat (2012): Importe (nach Ursprungsland) - Gas - jährliche Daten. URL: http://appsso.eurostat.ec.europa.eu/nui/show.do?dataset=nrg_124a&lang=de (letzter Zugriff 06.10.2012)

Gas Infrastructure Europe (2012): LNG Map. URL: http://www.gie.eu.com/index.php/maps-data/lng-map (letzter Zugriff 18.07.2012)

INOGATE (2012): URL: http://www.inogate.org/index.php?option=com_content&view=article&id=46&Itemid=72&lang=en (letzter Zugriff 20.07.2012)

Nord Stream. URL: http://www.nord-stream.com (letzter Zugriff 03.10.2012)

Teusch, Jonas / Balazs, Mellar (2011): Energiebinnenmarkt. URL: http://www.europarl.europa.eu/ftu/pdf/de/FTU_4.13.2.pdf (letzter Zugriff 25.07.2012)

United Nation Development Programme (2000): World Energy Assessment. URL: http://www.undp.org/content/dam/aplaws/publication/en/publications/environment-energy/www-ee-library/sustainable-energy/world-energy-assessment-energy-and-the-challenge-of-sustainability/World%20Energy%20Assessment-2000.pdf (letzter Zugriff 17.09.2012)